教皇フランシスコとともに
日々の内省

ケヴィン・コッター編
里見　貞代訳

女子パウロ会

THROUGH THE YEAR WITH
POPE FRANCIS
DAILY REFLECTIONS

Edited by Kevin Cotter

*

Published by Our Sunday Visitor Publishing Division,
Our Sunday Visitor,Inc.

Japanese language translation right arranged with
Our Sunday Visitor, Inc., Indiana
through Tuttle-Mori Agency, Inc.,Tokyo

もくじ

ブックデザイン　中島祥子

はじめに

カトリック教会のリーダーとして新教皇フランシスコが選出されたことは衝撃でした。ベネディクト十六世の予想外、ほとんど前代未聞の辞任は、初めてのアルゼンチン人、イエズス会士教皇の選出に道を開きました。ごく限られた人しかジョージ＝マリオ・ベルゴリオ枢機卿について聞いたことはありませんでしたし、さらに少数の人しか彼のことを知りませんでした。しかも教皇フランシスコ誕生当初の反応は電撃的で、メディアの注目とコメントは嵐《あらし》のように巻き起こったのです。しかし、この予想外の始動は、着座以降の教皇の言葉と行動によって大きく変わってきています。

教皇フランシスコは、稀《まれ》にみるコミュニケーターです。多くの優れた講演者のように、彼はつねに何か新しいことではなく、すでによく知っていることに新たな明白さと洞察を与えながら語っています。

では、彼のメッセージとは何なのでしょうか。前任者たちと同様、教皇フランシスコはイエスのメッセージ、福音のメッセージを伝えています。それは、ときには覚醒的であり、勇気づけであり、信じられないような、単純で徹底的、そして、ときにはこれらすべてを同時に持ち合わせたメッセージです。人を和らげる魅力的な人柄で、教皇フランシスコはこの力強いメッセージを、今一度新たなものとして聞かせてくれます。

この黙想書は彼のメッセージを思い巡らし、祈りに役立つよう短い単位で提供します。それは教皇フランシスコによる、あなた方の毎日の蛋白質《たんぱくしつ》錠剤、あるいは福音メッセージのエネルギー注射と思っていただければ幸いです。

この本に収録された内容は、あなた方が単に教皇フランシスコの言葉を読むだけでなく、黙想に続く質問の意味を生活の中で考察するためのものです。

聖人たちの中で優れた霊的指導者の一人である聖フランシスコ・サレジオは、より深く黙想して主との対話に入るために、祈りの六段階を提供しています。

1．神の現存に自分を置きなさい

神があなたの近くにおられることを意識しなさい。しばらくあなたの祈りのうちに神をお招きしましょう。友人と出会うかのように、神と出会いましょう。

2．神の助けを求めなさい

神があなたの祈りを助けてくださるように願いなさい。この時間、神があなたをより近く招くために、この時間を使われるように祈りなさい。

3．聖書の一節あるいは他の霊的書物を読みなさい

この場合、あなたの霊的読書は教皇フランシスコの言葉ですが、関連する聖書の一節やカトリック要理、あるいは他の霊的読書を補足してください。

4．読んだことを考察し、思い巡らす時間をとってください

あなたが目指すことは、必ずしも何かを学ぶのではなく、イエスとの関係により深く入り、神とあなた自身がより親しく理解し合うことです。神があなたに語ろうとしておられることに耳を傾けなさい。

5．あなたの回想と思索について神と語り合いなさい

この時点であなたは自問することができます。霊的読書の中で目立ったことは何か。今読んだことをとおして、神はあなたに何を語ろうとされているか。あなたの心に起こる感情は何か。これらのことについて神と語り合いなさい。

6．祈りの時間を終わる

祈りを終えるにあたり、聖フランシスコは自分と他の人びとのために恵みを求め、具体的決心をし、祈りの時間を感謝することを勧めています。あなたが得た内的理解を生活の中で具体的に活かしなさい。たとえば、祈りに対してより忠実になるとか、誰かを赦《ゆる》さなければならないとか。

聖フランシスコ・サレジオや他の多くの霊的著者が明確にしているように、祈りのための完全な方法や段階はありません。それは最終的に聖霊の働きです。わたしが教皇の言葉に沿って付加した「内省」は、祈りへの招きでしかありません。あなたの助けになると思うなら使えばよいのですが、霊が望まれるままにあなたを動かすことを恐れてはなりません。

教皇フランシスコの言葉が、わたしたちすべてを神との深い関係と、生活の中で神のミッションをどのように生きるかについてのより深い理解に導きますように！

神のみ旨に信頼して

ケヴィン　コッター

二〇一三年一〇月一日　幼いイエスの聖テレジアの祝日

1月

1月1日
主のまなざし

あなた方に伺います。主の現存にどのようにとどまりますか。主を訪問し、聖櫃《せいひつ》を見つめているとき、あなた方は何をしていますか、黙って……。「いいえ、話しますよ。語ったり、考えたり、黙想したり、耳を傾けたり……。」それは結構です！ しかし、あなた方は主に眺めていただこうとしていますか。主に見つめていただくために自分をそこに置きますか。主がわたしたちをご覧になること、それ自体が祈りのひとつの形です。主に眺めていただいたことがありますか。でも、どのように？ あなたは聖櫃を見つめ、主にあなたを見つめていただくのです……とても単純です！「いささか退屈です、眠くなります。」では居眠りをしてください、眠るのです！ それでも主はあなたを見ておられます。大事なのは、主があなたを見ておられることです！

二〇一三年九月二七日 演説

内省★主のまなざしのもとにしばらくとどまろう。主は、あなたをどう見ておられるのか。主はあなたの生き方をどう思われるのか。

1月2日
あなたを主に明け渡しなさい

キリストの愛と友情は幻想ではありません。――十字架上のイエスは、それがいかに現実であるかを示されました。――それはまた、ごく少数の人の特権でもありません。

もしあなたが真剣にそれを求め、信頼をもってあなたを主に明け渡し、忍耐強く霊的生活を養い、秘跡を受け、聖書を黙想し、たゆまず祈り、キリスト共同体に深くかかわるならば、この友情を発見し、その豊かな実りと美しさを味わうでしょう。

二〇一三年六月二一日　メッセージ

内省★今週イエスとあなたとの関係を強めるために、どんな具体的なことができるだろうか。教皇フランシスコの提案を出発点として使ってみよう。

1月3日

イエスの力強いみ名

イエスの聖なるみ名の祝日

聖マルタの家での説教の中で、教皇フランシスコはブエノスアイレスの司教館で三十年働いていた、八人の子をもつ父親のことを話された。

彼は出かける前、またはしなければならない仕事を始める前に、必ず独り言で「イエス」とささやいていました。あるときわたしは、「どうしていつも『イエス』と言うのですか」とたずねました。するとこの謙虚な人は「わたしは『イエス！』と呼ぶと強められるのです。彼がわたしの傍らにいて助けてくださるから、働くことができると感じるのです」と答えました。彼は神学を学んだことはありません。彼には洗礼の恵みと霊の力があるだけでした。しかし彼の証《あか》しはわたしにとって非常に大きな助けとなりました。イエスのみ名、それ以外に尊い名はありません。 二〇一三年四月五日 聖マルタの家での説教

内省★ヘブライ人への手紙（7・25）によれば、イエスは永遠にわたしたちのためにとりなしてくださる。イエスの助けが必要なとき、イエスのみ名を唱えよう。

1月4日
心の祈り

みなさんにたずねます。しかし答えは大声ではなく、心の中で沈黙のうちに述べてください‥わたしは祈っているだろうか。わたしはイエスと話しているだろうか、それとも沈黙を恐れているだろうか。心の中で聖霊に語らせているだろうか。わたしに何をしてほしいのですか、わたしの生活に何をお望みですか、とイエスにたずねているだろうか。これは訓練です。イエスにたずね、イエスに話しなさい。そして、もしあなたが生活の中で間違ったことをしたり、失敗したり、過ちを犯したりしたら、恐れないでください。イエスよ、わたしがしたことをご覧ください。どうすべきでしょうか。楽しいときも悲しいときも、正しいことをしているときも間違ったことをしたときも、絶えずイエスと語り合いなさい。イエスを恐れてはなりません。これが祈りです。

二〇一三年七月二七日　ワールド・ユースデイ　演説

内省★祈りについてあなたは何を恐れているのか。沈黙？　罪？　生活の中で起こっていることについて、友だちに語るように、心の中でイエスに話しなさい。

1月5日
神のイメージ

わたしたちは神についてどんなイメージをもっているのだろうか。もしかしたら厳しい裁判官、生活のあり方や自由を束縛する存在として映っているのかもしれない。ところが聖書はどこにおいても、神は生きた方、命を与え、命の充満への道を示す方であると語っています。

二〇一三年　六月一六日　説教

内省★あなたにとって神のイメージはどのようなものか。生きていて、あなたのことを心にかけてくださる方か。神はあなたを命の充満に導いてくださる方であるとして信頼しなさい。

1月6日
神の新しさに対する恐れ

新しいということは、つねに多少の恐れを抱かせます、というのは、すべてがコントロールされていれば、建設者にしても、プログラマーにしても、自分の生活設計にしても、自分たち自身の考え、気楽さ、好みに合っていれば、より安全だと感じるからです。神がわたしたちの生活にもたらされる新しさは、具体的な充実感、真の喜び、真の安全性を与えます。神はわたしたちを愛され、わたしたちの善だけを望まれるからです。

二〇一三年五月一九日　聖霊降臨の祝日　教会行事としてのミサ中の説教

内省★あなたの生命をコントロールするのは誰であるのか、あなた自身か、それとも神だろうか。あなたは今実際の生活の中に、どのように神の新しさを招き入れることができるだろうか。

1月7日

あわれみ深い父

神はつねにあわれみ深く考えられることを忘れてはなりません。神はつねにあわれみ深く考えられます。神はあわれみ深い父であられます。神は放蕩息子《ほうとうむすこ》を待ちわび、彼がまだ遠くにいたとき、その帰ってくる地点を突き止められます。それは何を意味するのでしょうか。くる日もくる日も、彼はもしや息子が帰ってくるのではないかと見に行きました。これがわたしたちのあわれみ深い御父です。これは家のテラスから息子の帰りを切望する父を示しているのです。

二〇一三年三月二七日　一般謁見

内省★もし神が放蕩息子の譬《たと》え話の中の、あわれみ深い父（ルカ15・11～32）のようであるならば、今この時点で、神はあなたが生活の中で何をすることを期待しておられるのだろうか。

1月8日
きちんとしたキリスト者

堅苦しく、こぎれいで、きちんとしたキリスト者たち、白く塗られたお墓のような偽善者たちの特徴の一つは、家族であろうと、隣人であろうと、協働者であろうと、つねに他の人を批判することです。彼らは祭壇の前に立ち、心の片すみで、「わたしは彼らのようではないことを神に感謝します」と言ったファリサイ派の人々の態度をそのまままくり返しているのです。彼らは「隣人よ、罪を犯したあとで、まっ白な衣を身にまとうことを恥じ入りなさい」という有名なタンゴの句を繰り返しているのです。そう言いながら、彼らは自分たち自身をも批判しているのです。

これが堅苦しく、こぎれいで、きちんとしたキリスト者、つねに他の人を批判する必要を感じている独善的偽善者なのです。

二〇一一年九月二四日　説教

内省★あなたが他人を批判する原因は何なのか。あなたは、この葛藤《かっとう》をどのようにイエスに引き渡すことができるか。

1月9日
パートタイムのキリスト者

わたしたちは一時的に、一定の状況においてだけ、ある決定において一時的なキリスト者ではありません。このようなキリスト者はありません——余すことなくキリスト者であるのです！

二〇一三年五月一五日　一般謁見

内省★どんなときにキリスト者であることが困難であるのか。そのような状況について、そのような状況の中で、神は、どうすることをあなたに呼びかけておられるのだろうか。

1月10日
出会いの文化

さまざまな分野のリーダーたちがアドバイスを求めるとき、わたしの答えはいつも同じです‥対話、対話、対話。個人としても家族としても、進化する社会としても、人びとの命を発展させる唯一の方法は、出会いの文化の道です。その文化においては、すべての人が何かよいものを与えることができ、その代わりにすべての人がよいものを受けることができるのです。

わたしたちが偏見のない開かれた心で他の人びとに接するすべを知っていれば、彼らはつねによいものを与えてくれるでしょう。現代において対話の危険を冒すか、出会いの危険を冒すか、あるいはわたしたち全員が失敗するか……実を結ぶのはこの小路においてです。

二〇一三年七月二七日　演説

内省★毎日の生活の中で出会う人びととの対話、出会いの文化を助長するために、あなたは具体的に何をすべきだろうか。

1月11日
ワールドカップより大きく

イエスはわたしたちに、ワールドカップより大きなものを与えてくださいます。ワールドカップより大きなものを！　イエスはわたしたちに実を結ぶ生涯の可能性、しあわせな生涯の可能性を、彼とともにいる未来を、永遠の命において終わりのない未来を与えてくださいます。これこそイエスがわたしたちに与えてくださるものです。しかしイエスは入会金を払うことを要求されます。そして入会金額は、生活の中で信仰の証しをし、勇気をもってあらゆる状況に直面できるよう、自分たちを矯正していくことです。

二〇一三年七月二七日　ワールド・ユースデイ　演説

内省★あなたにとっての「ワールドカップ」は何だろうか。あなたの生活の中でイエスと競り合うのは何だろうか。どの点を矯正する必要があるだろうか。

1月12日
教皇フランシスコの父

わたしの父は「アメリカで成功してやろう」という野心満々の若者としてアルゼンチンへ渡りました。そして彼は一九三〇年代の恐ろしい経済不況に苦しみました。彼らはすべてを失いました！　仕事は皆無でした！　当時わたしはまだ生まれていませんでしたので、その状態を見てはいませんが、子どものころ家庭でその苦しみについて語られるのを聞いていましたから、よく知っています。そうした中でも、わたしはあなた方に「勇気を出して！」と言わなければなりませんが、「勇気を出して」というこの美しい言葉を、単なるありきたりの表現に終わらせないために、わたしにできるあらゆることをしなければならないと感じています。それが単に礼儀正しい従業員のほほえみや、わたしが接する教会内組織で働く人びとの「勇敢に！」などという言葉だけではありませんように！　いいえ、わたしはそのようなことを望みません。勇気というのは、わたし自身の内から湧きあがり、すべてを牧者として、人間として果たさせることであってほしいと願います。わたしたちはみな、あなた方のあいだでも、わたしたちのあいだでも、連帯してこのチャレンジに直面しなければなりません。わたしたちはみな、賢明に、連帯して、この歴史的困難に立ち向かわなければなりません。

二〇一三年九月二二日　労働者集会での演説

内省★あなたに勇気を与えるのは何か。恐れや心配があるとき、どのように勇気を見つけられるか。真の勇気を見つけることができるのは、主においてだけである。それが得られるよう主に願うこと。そして他の人びとがそれを見いだせるよう助けてあげること。

1月13日
神に近づこう

神から、教会から、遠く離れていると感じる人、自信がなかったり無関心だったりする人、今更変われないと思う人に言いたいことがあります。主は、あなたが神の民の一部となるように招いておいでです。そして主は深い尊敬と愛をもってそうなさいます！　主はわたしたちが主の民、神の民の一部となるよう召されているのです。

二〇一三年六月一二日　一般謁見

内省★ヤコブの手紙（4・8）に「神に近づきなさい。そうすれば、神は近づいてくださいます」と書かれている。神に向かって足を踏み出す英知を願いなさい。

1月14日
神からのたまもの

福音の中でイエスは、神の国に入るためには、水と霊によって新たに生まれなければならない、とニコデモに言われました（ヨハネ3・3〜5参照）。わたしたちがこの神の民に加えられるのは、キリストにおける信仰による洗礼をとおしてであり、この神からのたまものは全生涯をとおして養われ、育てられなければなりません。

二〇一三年六月一二日　一般謁見

内省★洗礼においても、また教会の他のすべての秘跡によっても、主はわたしたちにあふれる恵みを与えられる。しかしわたしたちはそれを受け、その恵みを使わなければならない。あなたは神からのたまものをどのように育てることができるか。ミサの後で祈ることができるか。誰かをミサに誘うことができるか。

1月15日
貧しい人たちからの盗み

食物が捨てられるときにはいつでも、貧しい人、飢餓に苦しむ人たちのテーブルから盗んでいるのと同じだということを、しっかり覚えておきましょう。わたしはすべての人に、食物を捨てることと浪費することの問題について考えるよう懇願します。この問題と真剣に取り組むことによって、恵まれない人びととの連帯と分かち合いを可能にする方法とアプローチを確認するためです。

二〇一三年六月五日　一般謁見

内省★アメリカでは食物の四〇パーセント以上が浪費されている。この神のたまものを大事にし、貧しい人に食物を供給するために、あなたにできる方法でどのように食品を扱うことができるだろうか。

1月16日
霊的な人になるとは何を意味するのか？

あるキリスト者が霊的な人だというのは、次のことを意味します。キリスト者であるということは、神と一致し、聖霊と一致して考え、行動する人です。しかし、わたしも自問してみます。自分は神と一致して考えているだろうか、神と一致して行動しているだろうか、と。あるいは、確かに神からでない多くの他のことによって導かれているのではないだろうか、と。

わたしたち一人ひとりは、心の底でこのことに答える必要があります。

二〇一三年五月八日　一般謁見

内省★あなたは生活のどの分野において、神との一致ではなく、世間的志向で考えているか。

1月17日
信仰者の罪

「キリストは諾、しかし教会は否」と、今でもある人たちは言います。それは「わたしは神を信じるが、司祭たちを信じない」と言うのと同様です。教会を形成する人々、牧者と信徒たちの中には、欠点も不完全さも罪もあります。教皇にもそれがあります、しかもたくさんあります。しかし美しいことは、わたしたちが罪びとであることを認めれば、神のあわれみに出逢《であ》うことです、神はつねに赦《ゆる》す方です。

そのことを決して忘れないでください。神はつねに赦し、慈しみと愛のうちにわたしたちを迎え入れてくださるのです。

二〇一三年五月二九日　一般謁見

内省★神があなたに赦すように望まれるのは誰だろうか。教会内の人だろうか、家族だろうか、あなた自身だろうか？

1月18日
愛によって示す

愛は所有するすべてのものを分かち合い、コミュニケーションによってそれを啓示します。愛によって示されるのでなければ、真の信仰はあり得ません。そして愛が寛大で具体的でないならば、キリスト者の愛ではありません。明らかに寛大な愛は信仰のサインであり、信仰への招きであります。

二〇一二年二月二二日　わたしたちを救うことができる　四旬節の書簡

内省★今日、誰かを愛する具体的で寛大な方法を選ぼう。

1月19日
わたしは罪びとです

わたしたちが自己満足の道を歩むことを、イエスは望まれません。善良なキリスト者であるためには、わたしたちが罪びとであることを認めなければなりません。自分たちが罪びとであることを認めないならば、わたしたちは善いキリスト者ではありません。これは第一の条件ですが、明確にしなければなりません。「わたしはこのために、あのために罪びとです」と。これがイエスに従うための第一の条件です。

二〇一一年九月二四日　説教

内省★先週のあなたの思い、言葉、行いを考えなさい。あなたはいつ罪を犯したか。

1月20日
真実性と誠実さをもって

自分たちをつねにキリストご自身のものとすることは、将来とキリストという目標を目指して（フィリピ3・14参照）ひたすら走ること、また真実性と誠実さをもって、自分に問いただすことを意味します。わたしはキリストのために何をしただろうか。キリストのために何をしているだろうか。キリストのために何をしなければならないだろうか。

二〇一三年七月三一日　説教

内省★静寂な心で、教皇の問いかけについて考えよう。

1月21日

日々の殉教

聖アグネスの祝日

「イエスのために命を失う」とは何を意味するのでしょうか。これは二つの場合に起こり得ます。すなわち、明確な信仰表明、あるいは暗黙のうちに真実を擁護することです。殉教者はキリストのために命を失う最も偉大な実例です。しかしながらまた、日々の殉教ということもあり、それは死を伴うものではありませんが、イエスの論理とささげ物、犠牲の論理にしたがい、愛をもって個々の義務を果たすことにより、キリストのために「命を失う」ことになります。

二〇一三年六月二三日　正午の演説

内省★イエスの論理は、あなたの生活の見方をどのように変えることができるか。神はどのような日々の殉教を、あなたがささげるように求めておられるだろうか。

1月22日
生まれなかった子のために祈る

弱い人間のあいだにあって、わたしたち一人ひとりは主のみ顔を認識するよう招かれています。発展途上国でも裕福な社会においても、受肉された主は無関心と孤独を体験され、わたしたちは貧しい人びとの中でもっとも貧しい人を断罪しているのです。生まれる代わりに不正に堕胎された子どもはみな、イエス・キリストのみ顔をもち、生まれる前から主のみ顔をもっているのに、生前から、そして世に出た途端にこの世の拒絶を体験するのです。

二〇一三年九月二〇日　演説

内省★今日はアメリカ合衆国で堕胎を合法的に認めたWADE Roeの命日である。世界中で堕胎問題が少しでも早く終結するよう祈ろう。

1月23日
わたしたちを求めて

わたしたちが神との深い友情関係のうちに生きるようにと、神はわたしたちを創造されました。そして罪が神と、人びとと、他の被造物との関係を絶ったときでさえも、神はわたしたちを見捨てられませんでした。救いの歴史全体は、人間を求め、その愛を与えて彼らを喜んで受け入れる神の物語です。

二〇一三年五月二九日　一般謁見

内省★イエスはわたしたちとの深い関係を望まれる。あなたは、これまでにイエスとの関係に入っていただろうか。あなたの生命をイエスにささげる、あるいはもう一度ささげなさい。

1月24日

マリアのように

平和の元后マリアの祝日

マリアは人生のあらゆる困難と喜びを、生涯の終わりまで受け入れ、ともにいてくださる女性です。マリアは今日の祝日には特に命を受け入れ、それが完全な充満に至るまでともにいてくださる女性です。しかし彼女の仕事はまだ終わったわけではありません、というのは、教会がさらに進んで行くように、その生命においてわたしたちと歩みをともにしてくださるからです。マリアは沈黙と忍耐の女性であり、痛みに耐え、困難に直面しますが、それでもなお御子の慶《よろこ》びのうちに、いかに深く喜ぶかを知っておられるのです。

二〇一一年三月二五日　わたしたちを救うことができる　お告げの祝日　説教

内省★マリアのように、喜びのうちにありながらも、どのようにこの世の困難に直面できるだろうか。あなたは今、どんな困難に立ち向かっているか。

1月25日

ひとつの武器

聖パウロ回心の祝日

聖パウロは、ただ一つの武器しかもっていませんでした。それはすなわち、キリストのメッセージおよびキリストと他の人びとのために、全生涯をささげたことでした。教会を建設し、彼を信頼に値する者としたのは、まさに福音のために自分を完全燃焼させ、物惜しみをせず、すべての人のためにすべてとなって自分を差し出したことです。

二〇一三年六月二九日　説教

内省★あなたの日々の実例によって、人びとはあなたがキリスト者だと分かるだろうか。あなたの毎日の生活があなたの信仰を証しするようになるために、一つのどんな面であなたは成長できるだろうか。

1月26日
貧しい人となり、貧しい人のために

アシジのフランシスコ。彼はわたしにとって清貧の人、平和の人、被造物を愛し保護する人です。最近のわたしたちは被造物とあまりよい関係にないようですが、いかがでしょうか？　アシジのフランシスコはわたしたちに平和の精神、貧しい人の精神を与える方です。教会が貧しく、貧しい人のためのものであることを、わたしはどんなに願っていることでしょう。

二〇一三年三月一六日　演説

内省★アシジの聖フランシスコは一気に聖人になったのではなく、いくつかの段階を踏んで聖人になられた。あなたが貧しい人への愛に成長し、教会が貧しい人の教会となるために祈ってくださるよう、聖人に願いなさい。

1月27日
人間の良心

なぜわたしたちは良心の声にもっと耳を傾けなければならないのか。しかし、注意してください。それは自分のエゴに従って、自分が興味をもち、自分に合い、自分が好きだからすることを意味しません。

良心とは、神のみ声を聴くために、真理と善に耳を傾ける内的な場です。それは、神とわたしの関係の内なる場であり、神はわたしの心に語りかけ、わたしが識別し、行くべき道を理解するのを助けます。そして、ひとたび決定がくだされれば、前進し、忠実であり続けるのを助けます。

二〇一三年六月三〇日　正午のスピーチ

内省★あなたは良心の問題にかかわる疑問があるとき、教会の方針に沿って考えるための本とか指導者があるだろうか。その結果にとらわれないで動く恵みを神に願いなさい。

1月28日
主はあなたとともにおられます

ある人たちは「自分は特別な準備は何もないのだから、どうして福音を告げ知らせに行くことができるだろうか」と言うかもしれません。わたしの友人であるみなさん、あなた方の恐れは、先ほど聞いた朗読の中で、預言者になるように神から呼ばれたエレミヤの恐れとあまり変わりません。「ああ、わが主なる神よ、わたしは語る言葉を知りません。わたしは若者にすぎませんから。」（エレミヤ1・6）

神はエレミヤに言われたのと同じことを、あなたに言われます。「恐れるな。わたしがあなたとともにいて必ず救い出す」（エレミヤ1・8）。主はわたしたちとともにおられます。

二〇一三年七月二八日　ワールド・ユースデイ　閉会ミサの説教

内省★福音宣教を考えて、あなたは何を恐れているのか。主があなたとともにいてくださるよう願い、その仕事においてあなたの仲間として助けてくれる人を見つけなさい。

1月29日
立派なことを夢見る

あなたは神からいただいたタレントについて考えたことがありますか？　それをどのように他の人びとへの奉仕に使えるか考えたことがありますか？　あなたが受けたタレントを葬ってはいけません。立派な理想、心を広げるような理想、あなたのタレントを実らせる奉仕の理想に賭《か》けをしなさい。

命は自分のために用心深く守るように与えられたのではなく、それを還元するために与えられたのです。愛する若者たちよ、高邁《こうまい》な精神をもちなさい。立派なことを夢見るのを恐れてはいけません。

二〇一三年四月二四日　一般謁見

内省★神はあなたにどんなタレントを与えられたか。神のため、他の人びとのためにそれを使うあなたの夢について、神に語りなさい。

1月30日
すばらしい「はい！」

あなたはこれをしてはいけない、あれをしてはいけない、その他のことをしてはいけない、掟《おきて》はこのような禁止の連禱ではありません。逆にそれらはすばらしい「はい！」です。神に対し、愛に対し、生命に対する承諾です。

二〇一三年六月一六日　説教

内省★神を規則の与え主として考え、その罰を恐れることは簡単である。しかし、神を慈しみ深い父として見たとき、わたしたちの見解は完全に変わる。神はどこで、恐れではなく、愛によって彼に従うことをあなたに求めておられるか。

1月31日
生活の砂漠を横切って

どんな時代にも、どのような場所であっても、人間は公正、善良、美に満ちた生活を望んでいます。それは死によって脅かされず、完全に向けてつねに成長し、成熟する生活です。人は、光と愛と美しさと平和に対する深い望みを癒やすことができる、ほとばしり出る新鮮な生ける水に渇いて、生活の砂漠を横切る旅人のようです。

わたしたちはみな、この望みを感じています！　そして、イエスはこの生ける水を与えてくださるのです。それは御父から出る聖霊であって、イエスはその聖霊をわたしたちの心に注いでくださるのです。「わたしが来たのは、羊が命を受けるため、しかも豊かに受けるためである」（ヨハネ10・10）とイエスは言われます。

二〇一三年五月八日　一般謁見

内省★あなたの心には、今日どんな望みがあるだろうか。その望みが以上のようなあり方で満たされるよう、神に祈り求めなさい。

2月

2月1日
慈しみのあるところ

教会が慈しみと希望の場所であり、そして、そこではすべての人が、福音のよい知らせにしたがって歓迎され、愛され、赦《ゆる》され、励まされると感じますように！　そして人びとが歓迎され、愛され、赦され、励まされると感じるためには、すべての人が入ることができるように、教会はドアを広く開けなければなりません。そしてわたしたちは自分たちのドアから出ていき、福音を宣べ伝えなければなりません。　二〇一三年六月一二日　一般謁見

内省★どうすれば教会をもっと歓《よろこ》んで人びとを迎え、慈みに満ちた場所とすることができるだろうか。外へ出ていくようにと呼びかけるイエスとは、誰なのだろうか。今週誰かを勇気づけなさい。

2月2日
従うこと
主の奉献の祝日

神に従うとは何を意味するのでしょうか。奴隷のように振る舞うことを意味するのでしょうか。いいえ、神に従う人はみな自由であり、奴隷ではありません。どうしてでしょうか、それは矛盾しているように見えます。「従う」という言葉はラテン語からきていて、耳を傾ける、他の人の言うことを聞くことを意味します。神に従うということは、神がわたしたちに示される道を辿《たど》るために開かれた心をもち、神に耳を傾けることです。

神に対する従順とは神に耳を傾けることであり、それはわたしたちを自由にします。

二〇一三年四月一一日　聖マルタの家での説教

内省★神に耳を傾ける時間を取りなさい。あなたにどんな道を歩むよう神は求めておられるか。

2月3日

単純だが大切

神の恵みがあらゆる男性とあらゆる女性の心にふれ、彼らを神に導くことを可能にする新しい形、新しい方法を見いだすことが、緊急な必要となっています。わたしたちはみな単純ですが、神の大切な道具であります。わたしたちは受けた信仰のたまものを見えないように保管しておくのではなく、旅する多くの兄弟姉妹たちに光をもたらすことができるよう、広めていかなければなりません。

二〇一三年五月一七日　演説

内省★あなたが神の大切な道具となる可能性を実現できるよう、神の助けを願いなさい。あなたには他の誰ももっていないたまものとタレントがある。あなたには他の人にはない人間関係と縁故がある。あなたの信仰を分かち合う機会と勇気を祈り求めなさい。

2月4日
そうであってはならない！

しかしながら、男性も女性も利潤と消費追及の「浪費文化」という偶像の奴隷になっています。世界の多くの地域で飢餓に苦しむ子どもたちがいることもニュースではなくなっていて、普通のことのようですが、そうあってはならないのです！

そして、何人かのホームレスが路上で凍死したとしても、ニュースにはならない通常範囲のことになってしまっているのです。逆に、ある都市で株式市場の指数が一〇ポイント下がったら、それはある種の悲劇です。このように、人びとは一種のごみであるかのように顧みられていないのです。

二〇一三年六月五日　一般謁見

内省★イエスは貧しい人びとについて、異なる考え方を要求される（マタイ25・31〜46参照）。あなたはイエスが求められる慈善の仕事を何かしているだろうか。もしそうでないなら、なぜなのか。

2月5日
イエスが望まれること

イエスはあなたの友となり、兄弟になり、真理と生命の教師となることを望んでおられます。イエスは、あなた方一人ひとりが、神のご計画に沿って幸福と自己実現に達するよう、歩むべき道を示されます。そして神の憐れみと愛をもたらすイエスの友情は、「無償」であり、純粋なたまものであります。イエスは何の代償も要求されません。彼はただ、あなたが彼を受け入れることを願っておられます。

イエスはありのままのあなた、脆《もろ》さや弱さがあっても、あなたを愛することを望まれます。それは彼の愛によって、あなたが新たになるためです。

二〇一三年六月二一日　メッセージ

内省★あなたの生活の中で弱い面について考えなさい。その点について、どのように主に刷新していただけるだろうか。

2月6日
わたしたち一人ひとりの身近に

愛する友である皆さん、WYD（ワールド・ユースデイ）の体験は、歴史的に真に偉大なニュース、福音を思い出させます。多くの新聞紙上に書きたてられなかったとしても、テレビに映らなかったとしても、わたしたちは、父であり、わたしたちを救い、一人ひとりの身近にあるために御子を送ってくださった神に愛されているのです。

神はわたしたちを救い、わたしたちすべてを赦すために、イエスを送ってくださったのです。なぜなら神は善良で憐れみ深いゆえに、つねに赦し、つねに赦されるからです。

二〇一三年九月四日　一般謁見

内省★あなたに対する神の愛について黙想しなさい。神は、あなたに近づきたいと思っておられる。あなたは、どのように神に近づくことができるだろうか。

2月7日
魔法の杖をもっている妖精のようではなく

時は神のメッセージです。神がわたしたちを救われるのは瞬間的ではなく、時の流れの中であります。ときには神は奇跡を行われますが、通常日々の生活において、時間をとおしてわたしたちを救われます。

ときどきわたしたちは、神が生活の中に入ってきてくだされば、わたしたちを変えることができる、と考えます。そうです。わたしたちは変わり、それは回心と呼ばれています。しかし、神は「魔法の杖をもつ妖精」のようには働かれません。そうではありません。神はあなた方に恵みを与え、イエスが癒やされたすべての人に言われたように、あなた方にも「行きなさい、歩きなさい」と言われます。　二〇一三年四月一二日　聖マルタの家での説教

内省★あなたの生活の中で変えなければならないことは何だろうか。今週、回心に向けてどんなステップを踏み出せるか。

2月8日
前に踏み出そう

もしあなたが今までイエスと距離を隔てていたのなら、前に踏み出そう。イエスは両腕を広げてあなたを迎え入れてくださる。もしあなたがこれまで無関心だったとしても、やってみなさい。失望はしないでしょう。

イエスについていくことが難しいと思えても、恐れないでイエスを信頼し、彼があなたの近くにおられること、あなたとともにおられることを信じなさい。イエスは、あなたが探し求めていた平和と、イエスがあなたに望まれるように生きる力を与えてくださるでしょう。

二〇一三年　復活前夜祭　説教

内省★イエスについていくことを恐れさせているのは何か。恐れの根底を突き止め、それをイエスにささげることができるよう、イエスの助けを願いなさい。

2月9日

わたしたちに必要な恵み

わたしたち個々の生活、プライベートの生活において、聖霊はよりいっそう福音的に歩むよう迫ります。そして、わたしたちは「でも、だめです。主よ、こうなるのです」と言うのです。聖霊に抵抗してはいけません。すべての人が主に求めるように、わたしが願う恵み、それは聖霊に対する素直さです。聖霊は、わたしたちが聖性に向かう道を進むことができるよう、わたしたちのもとへきてくださるのです。

二〇一三年四月一六日　聖マルタの家での説教

内省★今日は一日をとおして、あなたの生活の中に聖霊を招き入れよう。素直になることができるよう、神に願いなさい。

2月10日
勇気を出して

聖霊がわたしたちすべてに、使徒的熱意を与えてくださいますように。あまりにも安易になりすぎた教会のいくつかの見地について不安を抱くという恵みと、現実社会の周辺に出ていく恵みをお与えくださいますように。教会はこの動きを大いに必要としています。遠く離れた地において、若い教会において、イエス・キリストを知らない人びとに対してだけでなく、この場所、この大都会のただ中において、イエス・キリストのメッセージが必要とされています。

こうしたことから、わたしたちは使徒的熱意を聖霊に願うのです。使徒的熱意をもったキリスト者であってください。そして、もしわたしたちが周囲の人びとに不安を感じさせるなら、主は称えられますように！　前進しましょう。そして主がパウロに言われたように、「勇気を出しなさい！」

二〇一三年五月一六日　聖マルタの家での説教

内省★現代の教会について、どんなことがあなたに不安を感じさせるか？　教会の教えとミッションを理解する英知と、キリストの体に他の人びとを導く熱意を聖霊に求めなさい。

2月11日
聖母マリア

「宿屋には彼らの泊まる場所がなかった」（ルカ2・7）。イエスの誕生から、カルワリオ（ヨハネ19・25参照）に至るまで、マリアはその生涯において多くの困難に出遭いました。生活の逆境にあっても、弱さや罪に直面しても、わたしたちが勇気を失わないように、マリアはよい母親のようにわたしたちの身近におられます。マリアはわたしたちに力を与え、御子の歩まれた道を示されます。

二〇一三年五月四日　演説

内省★わたしたちをイエスに近づけるマリアの力を、あなたは体験したことがあるだろうか。マリアの生涯と彼女が耐え忍んだチャレンジについて考えなさい。今週あなたが出遭うであろうチャレンジに直面する力が与えられるよう、マリアを仰ぎ見なさい。

2月12日

奉仕、謙遜、愛

ベネディクト十六世は偉大な英知をもって、たびたび教会に次のように諭されました。わたしたちは、しばしば権威を、コントロール、統治、成功と同義語としますが、神の権威はつねに奉仕、謙遜、愛の同義語であって、それは使徒たちの足を洗うためにひざまずかれたイエスの論理に従うことを意味します。

二〇一三年五月八日　演説

内省★あなたはどこで自分をコントロールしようとしているだろうか。どうしたら、その望みを奉仕に置き換えることができるだろうか。

2月13日
攻勢に出る

活動的メンバーであってください。いつも攻勢に出てください。広い分野で活動してください。よりよい世界、兄弟姉妹の世界、正義と愛と平和、兄弟愛と連帯の世界を築いてください。つねに攻勢に出てください！

二〇一三年七月二七日　ワールド・ユースデイ　徹夜の祈り

内省★わたしたちの世界をよりよい場所にするために、「攻勢に出る」ことを実践するために、あなたは今週何ができるだろうか。

2月14日
むずかしい技《わざ》

　主は慈父のようにわたしたちを愛されます。主は神の慈愛、心から愛するという美しい技《わざ》をご存じです。主はわたしたちを言葉で愛されるのではありません。主はわたしたちに近づき、ともにいることによってできる限りの優しい愛をわたしたちに与えられます。
　神を愛すること以上にむずかしいことは、自分たちを神に愛されるままにすることです。「主よ、わたしはあなたをお愛ししたいのです。でも、このむずかしい技、あなたに愛されるままになるというむずかしい習慣を教えてください。」

二〇一三年六月七日　聖マルタの家での説教

内省★なぜ神に愛されるままにすることがそんなにむずかしいのだろうか。どうしたら、このむずかしい技に上達できるだろうか。

2月15日
神はわたしたちに同伴される

あなた方自身に問いかけてみてください。「わたしは主にどれだけのスペースを差し上げているだろうか、主と語り合うためにとどまるだろうか」と。わたしたちの幼年時代から ずっと、両親は一日を祈りによって始め、祈りによって終えるように、またわたしたちとともにおられる神の愛と友情を感じ取るように教えてきました。日常生活において、もっともっと主を思い起こしましょう。

二〇一三年五月一日 一般謁見

内省★一日をとおして生活する中で、神の現存を思い起こすよう努力し、そのときに短い祈りをすること。今日、少なくとも三回そうすることができるか、やってみること。

2月16日
生気を失った教会

教会が使徒的勇気を失ったら、生気のない教会になってしまいます。おそらく整然とした居心地のよい、非常に好都合な教会かもしれませんが、生彩を欠いています。というのは、そのような教会は、偶像崇拝、世俗主義、弱体思想の犠牲になったとても多くの人びとがいる、疎外された地域に出ていく勇気がないからです。

間違うことを恐れて歩みを進めない人は、もっとも重大な過ちを犯しているのです。

二〇一三年五月八日　聖マルタの家での説教

内省★あなたの日々の生活の中で、神はどのような勇気をもつように招いておられるだろうか。あなたが誰のところへ向かうことを神は望んでおられるのか。

2月17日
律法主義者

イエスは言われました。「はっきり言っておく。徴税人や娼婦《しょうふ》たちの方が、あなたたちより先に神の国に入るだろう」（マタイ21・31）。イエスはものごとを正しい位置に置かれます。イエスは、天におられるわたしたちの御父は、律法主義者と協定を結んだ方ではないと言われます。神は慈しみの御父であられます。

二〇一一年九月二四日　わたしたちを救うことができる　説教

内省★律法学者は規則のために規則に従う。神の子らが規則に従うのは、慈しみの御父との関係のためである。あなたは神の慈しみにどのように、さらに深く依存できるだろうか。

2月18日
一致の精神

聖霊は多様なカリスマとたまものをもたらすので、教会内に不一致を生むように見えるかもしれません。しかしそれらすべては、聖霊の働きによる豊かさのすばらしい源でありますす。聖霊は一致の霊であり、すべてを調和に導き戻すからです。

二〇一三年五月一九日　聖霊降臨の祝日　説教

内省★あなたの小教区において、聖霊はどのように調和を育てているだろうか。あなたはたまものの動きをどのように助けることができるだろうか。聖霊はあなたのカリスマとたまものを、どこで使うように招いておられるだろうか。

2月19日
奇跡は起こる

奇跡は起こります。しかし、祈りが必要です。それは勇気があり、闘い、耐え忍ぶ祈りであって、単なる形式的祈りではありません。

二〇一三年五月二四日　ツイッター

内省★あなたは心にどんな意向をもっているだろうか。願うことのために毎日、そして一日じゅう祈りなさい。

2月20日
真の力は愛である

一種の強壮剤のように、力を追求し蓄積することは、自己破綻につながります。真の力は愛、他の人びとに力を与える愛、率先する行動にきらめく愛、十字架上にあっても臨終にあっても愛することのできる愛です。それは若さの美、承認や賞賛、金力、名声を必要としません。愛は自然に流れ出て、止めることができません。中傷されたり、挫折させられたりしても、愛は必ずより大きな承認を得ることになります。

政治家や土地の有力者の目には弱く、無意味に映ったイエスは、世界を革新されたのです。

二〇一二年五月二五日　わたしたちを救うことができる　説教

内省★今日、真剣に愛する決意をしよう。革新的になれ。

2月21日
福音化は祈りによって行われる

よく聴いてください。「福音化は祈ることによって行われます。」神との絶え間ない関わりがなければ、宣教は単なる仕事になってしまいます……。いいえ、宣教は仕事ではなく、全く別のものです。過度の活動主義や構造依存主義はつねに存在する危険です。イエスを眺めれば、すべての重要な決定や行動に先立って、彼は時間をかけた熱心な祈りに潜心しておられたことが分かります。

いっそう差し迫った重大な義務が吹き荒れるときにも、観想的な側面を育てましょう。そして宣教があなた方を存在の圏外にまで招くなら、あなた方の心を、慈しみと愛にあふれるキリストのみ心により近く一致させることです。司牧の充実感、主の弟子としての充実感はそこにあります。

二〇一三年七月七日　神学生・志願者とのミサでの説教

内省★忙しさにもかかわらず、祈りに対する忠実を深める更なる一歩を考えなさい。習慣になるまで、その一歩を優先課題とすることができないだろうか。

2月22日

あなた方の弱さを怖れないで

聖ペトロの使徒座の祝日

ペトロのことも思い出しましょう。彼は三回もイエスを否認しました。それはまさに、彼がイエスにもっとも近くあるべきときにでした。そして彼はどん底に落ちたとき、イエスの忍耐深く、無言でじっと見つめる眼《め》に出遭ったのです。「ペトロ、お前の弱さを怖れないで。わたしを信頼しなさい。」ペトロは理解し、イエスの愛に満ちたまなざしを感じて泣いたのです。

イエスのこのまなざしは何と美しいのでしょう。そこにあるのは何という優しさなのでしょう。兄弟姉妹のみなさん、神の忍耐と憐れみ深さに対する信頼を決して忘れないようにしましょう！

二〇一三年四月七日　神の慈しみの主日の説教

内省★今日あなたが罪を犯したなら、イエスの愛に満ちたまなざしに、直ちに立ち戻ろう。

2月23日
刷新する力

イエスはあなたがキリスト者であることを強制してはいない。しかし、もしあなたが自分はキリスト者だと言うならば、イエスがあらゆる力をもっておられることを信じなければならない。そして、イエスだけが世界を刷新し、あなたの生活を刷新し、あなたの家族を刷新し、あなたの共同体を刷新し、すべてを刷新する力をもっておられることを信じなければならない。

二〇一二年二月一八日　説教

内省★あなたの生活のどの面が刷新を必要としているだろうか。あなたはどのようにイエスの刷新の力に信頼できるだろうか。

2月24日
希望のダイナミック

リーダーシップをとる人びと、リーダーとして選ばれた人は誰でも、現実的な目標をもち、それを達成するための特別な方法を探す必要があります。同時に、計画や目標が実現化されないと、失望、憤慨、無関心の危険があることも付け加えます。

ここでわたしは、希望のダイナミックを強調したいと思います。それはわたしたちを駆り立て、わたしたちが奉仕している人びとのためにすべてのエネルギーと可能性を使い、結果を受け入れ、新たな道を開くことを可能にします。それは、明らかな結果が見えなくても寛大に、リーダーとして、ガイドとしての天与の役割を受け入れることからくる勇気と恒常性をもって、希望を生き生きと保つのです。

二〇一三年七月二七日　スピーチ

内省★あなたの生活において、希望はどんな役割を果たしているだろうか。あなたは希望に自分を託しているだろうか。この重大な特質を養ってくださるよう主に願いなさい。

2月25日
経済面のヒューマニズム

一般的に世界の多くの場所において、経済面でのヒューマニズムのゆえに、独占主義・拒否主義の傾向が広がっています。高齢者や望まれない子どもの場はありません。路上の貧しい人のための時間がありません。ときには、ある人たちにとっての人間関係は、能率主義と実用主義という二つの現代的ドグマに動かされています。このような文化の流れに逆行する勇気をもってください。勇敢に！

二〇一三年七月二七日　ワールド・ユースデイの説教

内省★あなたの生活のどこで、能率主義・実用主義の傾向が見られるだろうか。どのようにこの文化傾向に立ち向かうことができるだろうか。

2月26日
あなたに十分な勇気がありますか？

あなた方は、このために十分勇気がありますか？　あなた方はイエスの声を聞く勇気がありますか？　ミッショナリーとなることは美しいことです！　すべての人はミッショナリーになるべきです。すべての人はイエスの声を聞き、出かけていき、神のみ国を宣言できるのです！

二〇一三年七月七日　正午のスピーチ

内省★イエスの招きを聞くことを妨げているのは何なのだろうか。あなたがどのように神のみ国を宣言することを望まれるのか、イエスにたずねなさい。

2月27日

人びとは福音を待ち望んでいる

これほど多くの人びとが福音を待ちわびているときに、わたしたちは小教区、自分のコミュニティー、教区あるいは司教区の施設内に閉じこもっていることはできない。送られた者として出ていくこと！　彼らがきた場合、迎え入れるためにドアを開けるだけでは十分ではありません。わたしたちはそのドアを通って出ていき、人びとを探し、彼らと出会わなければなりません。

二〇一三年七月二七日　ワールド・ユースディ　説教

内省★今週、あなたが居心地のよい場所から出ていって、出会う人に愛をもたらすことができるよう導いてください、と主に願いなさい。そのうえで、ほほえみ、励ましの言葉、具体的助け、あるいは状況が呼びかけるどんなことでも喜んで分かち合いなさい。

2月28日
キリスト者は絶対に悲しまない

キリスト者は絶対に悲しまない！　決して失望してはならない！　わたしたちの喜びは多くのものを所有するからではなく、わたしたちのあいだにおられるイエス・キリストという一人の方に出会ったからです。この喜びは、困難なときにあっても、人生の旅路であまりにも多い問題や障害に遭遇しても、イエスとともにあれば、決して一人でない、と知っていることから生まれます。そして今この瞬間にも、敵や悪魔はしばしば天使の姿に偽装し、わたしたちにずる賢い言葉をかけます。彼の言葉を聞かないでください。イエスに従いましょう！

二〇一三年三月二三日　説教

内省★今この時点で、あなたはどんな障害に直面しているだろうか。そうした状況の中で、イエスの現存を探し求め、彼の声に耳を傾けよう。彼があなたを導いてくださるように願いなさい。

3月

3月1日
福音宣教の喜び

主が生命にもたらされる新しさ、希望、喜びを証《あか》ししようではありませんか。「すでにキリストの喜びを受け取り、その熱意によって生活があかあかと輝いている」（教皇パウロ六世使徒的勧告『福音宣教』）ことを、自分たちのうちに感じようではありませんか。イエスを宣べ伝えるという福音宣教が、わたしたちに喜びを与えるからです。しかしエゴイズムはわたしたちを苦々《にがにが》しく、悲しげにし、意気消沈させます。福音宣教はわたしたちを高揚させます。

二〇一三年五月二二日　一般謁見

内省★あなたはかつて福音宣教の喜びを体験したことがあるだろうか。神にあなたを通して語られるチャンスをささげなさい。

3月2日
真のキリスト者の生活

わたしたちは聖霊に開かれているでしょうか。聖霊によって導かれているでしょうか。キリスト者は「霊的」存在です。霊的ということは、現実生活からかけ離れて、まるで一種の幻想のような、「雲上」に生きる人びとを指すのではありません。いいえ！　キリスト者とは日常生活において神のみ旨のままに考え、行動する人であり、その生活が神の真の息子・娘にふさわしい立派な生活になるよう、聖霊によって導かれ、養われるように生きる人です。

二〇一三年六月一六日　説教

内省★日々の生活を始めるにあたり、そして一日じゅう、あなたは聖霊を生活の中に招きいれているだろうか。毎日の現実の中で、聖霊はどのようにその役割を果たし得ているだろうか。

3月3日
わたしたちの貧しさ

福音の大切な宝を世間に伝えようとするとき、わたしたちはみな、自分たちの貧しさと弱さを体験しますが、「わたしたちは、このような宝を土の器に納めています。この並外れて偉大な力が神のものであって、わたしたちから出たものでないことが明らかになるために」（Ⅱコリント4・7）という聖パウロの言葉をつねに繰り返さなければなりません。福音宣教の力は神からくるものであり、神に属するものであることを知り、そのことがわたしたちに勇気を与えるのです。

二〇一三年五月一七日　演説

内省★信仰の分かち合いからあなたを遠ざけているのは、どんな弱さなのだろうか。神に対するあなたの信頼をさらに強めるために、今というこの瞬間を使いなさい。

3月4日
高齢を受け入れること

ときどき思うのですが、子どもたちや若い人たちとの関係の中で、彼らがわたしたち大人の年齢を受け入れることができず不機嫌をあらわすので、大人も、小さい子どもたちを放棄したり、軽視したりするようです。「人は自分のためにある」という態度で、わたしたちは子どもたちを巷《ちまた》の浮き沈みに任せてしまいます。彼らが好む娯楽施設や、現代のテクノロジーによる冷たい、受身的遊びに任せてしまうのです。

わたしたちは彼らのためにするはずの世話を後回しにし、大人としての立場を受け入れたくないので、彼らを模倣したりさえします。愛の掟《おきて》は世話をし、境界線を敷き、地平線を広げ、わたしたち自身の生活によって証《あか》しすることを要求しているのです。

二〇一二年五月二五日　説教

内省★神はあなたにどんな責任を与えられただろうか。その責任に忠実であるために、今週どんなことができるか。どのような領域で、神はあなたにもっと責任をとるように呼ばれているだろうか。

3月5日
心から立ち帰れ

「今こそ、心からわたしに立ち帰れ。衣を裂くのではなく、お前たちの心を引き裂け」という預言者ヨエルの言葉は、非常に強く、チャレンジングであり、その言葉は誰をも除外せず、すべての人に向けられています。

不誠実で永遠の未来を約束しないような苦行の衣を引き裂き、心を主に返しなさい。単なる形式、あるいは満足を感じさせるような断食の衣ではなく、心を主に返しなさい。あなた方の命のもっとも深いところには達しない、表面的で自己中心の祈りの衣ではなく、主に届くように、あなた方の心を主に返しなさい。詩編作者とともに、「わたしたちは罪を犯しました」と言えるように、あなた方の心を主に返しなさい。

二〇一三年二月一三日　四旬節のメッセージ

内省★心の底から神の赦しを願いなさい。あなたの生涯をこれまで以上に神中心にするために、何ができるか、神に伺いなさい。

3月6日
上辺のほほ笑み

四旬節は真理と希望の叫びを伴ってやってきます。四旬節はお化粧を拒絶しなさいとか、何事もなかったかのように、上辺でほほえみなさいとは言いません。

神はわたしたちの内面で何かがうまくいっていない、社会あるいは教会内で何かが正常でないことを認めるように、招いておられます。神はわたしたちが変わり、方向転換し、回心するよう招いておられます。

二〇一三年二月一三日　四旬節のメッセージ

内省★あなたの生活のどの点で回心が必要だろうか。今日このことについて一歩前進しよう。

3月7日
つねにある十字架

そうです、キリストとともにあるのはつねに十字架です。というのは、ときどきキリストが存在しない十字架が差し出されるからです。それは無意味です。――そうです、十字架です。つねにキリストとともにある十字架です。それはわたしたちのミッションの実りを確約します。

二〇一三年七月七日　神学生および志願者とのミサでの説教

内省★今月イエスはあなたにどんな十字架を担ぐよう招いておられるだろうか。

3月8日

感謝

四旬節、それは神が与えてくださったすべてに対する感謝から流れ出る、回心の時であるはずです。世界において、歴史をとおし、わたしたちの個人的生活においてなされ、今後もなされ続けるすべてに対してです。わたしたちの感謝は、耐え忍んだあらゆる悲しみにもかかわらず、失意のうちにうつむいてしまうことなく、主の偉大さを歌ったマリアのようでなければなりません。

二〇一二年二月二二日　わたしたちを救うことができる　四旬節の書簡

内省★あなたが感謝していることを十個並べなさい。そのそれぞれについて感謝する時間をとりなさい。

3月9日
相互に出会うために

「あなたは人助けの寄付をしますか?」とわたしはときどきたずねます。「はい、神父様」と彼らは答えます。「では、あなたがお金をあげるとき、相手の目を見ますか?」「さあ、どうでしょう。あまり注意していません。」「では、あなたはその人とほんとうに出会っていないのです。あなたは彼にお金を投げて、立ち去ってしまったのです。あなたはお金をあげるとき、相手の手にふれますか、それとも単にお金を投げ与えますか?」「投げ与えています。」「ああそうですか。ではあなたは彼に触れていないので、彼に出会っていないのです。」

イエスが最初に教えられたことは、相互に出会うことであり、出会うことによってお互いに助け合うことです。わたしたちはどのように相互に出会うかを知る必要があります。出会いの文化を建て、創造し、建設していかなければなりません。

二〇一三年八月七日　メッセージ

内省★特に貧しい人を考慮して、どのようにこの出会いの文化を打ち建てていきますか。

3月10日
あなたはどこにいるのか

失楽園以後、神が最初に問われたのは、「アダム、どこにいるのか」でした。アダムは彼の素性、創造における彼の場を失ってしまいます。それは彼が権力をもち、すべてをコントロールし、神になると考えたからです。調和は失われました。すなわち人は悪を犯し、この過ちは、他の人びととの関係において、繰り返し起こっています。「他の人びと」がすでに愛されるべき兄弟姉妹ではなくなり、単にわたしの生活、わたしの安楽を妨げる人になってしまっているからです。

二〇一三年七月八日　説教

内省★あなたの生活を妨げるのは誰だろうか。あなたは愛においてどのように対応できるだろうか。

3月11日

神は純粋な慈愛

「キリストを身につける。」キリストは憐れみによって、罪によるすべての傷を癒やそうと、赦《ゆる》しの秘跡のうちにあなたを待っておられます。神の赦しを求めることを恐れてはなりません。神はわたしたちを愛する父のように、赦すことに決して疲れたりされませんから。神は純粋な慈愛なのです！　二〇一三年七月二五日　ワールド・ユースデイ　スピーチ

内省★この前、赦しの秘跡を受けたのはいつだっただろうか。今週赦しの秘跡を受ける時間を見つけなさい。

3月12日
十字架上での栄光

困難や試練は、十字架上で栄光を得られたイエスと同じように、神の栄光へと導く道の一部であります。わたしたちは人生において絶えずそれらに出合うことでしょう。勇気を失わないでください！　これらの試練に打ち勝つために、わたしたちには聖霊の力があるのです！

二〇一三年四月二八日　説教

内省★あなたの困難と試練を、どのように十字架上でのイエスの苦しみと死に一致させることができるかを考えなさい。

3月13日
これがわたしたちの道

世間的な道、取引売買の道を行こうと思うなら、主の慰めを得ることは決してできません。そしてもし慰めだけを求めるなら、それは表面的な慰めであり、主の慰めではなく、人間的慰めでしかありません。

教会はつねに十字架と復活のあいだ、迫害と主の慰めのあいだを進みます。これが唯一の道であり、この道を行く者は間違うことがありません。

二〇一三年四月二三日　説教

内省★あなたの生活のどんな状況が、世間的な道を選択させているだろうか。主の慰めの中に、より深い信頼を置くために時間をとりなさい。

3月14日
悪に対する応答

十字架は、この世の悪に対して神が応答された言葉です。ときには、神が悪に対して反対せず、沈黙されているかのように見えます。しかしながら、神は語られました。神は応答され、その答えはキリストの十字架であります。すなわち、愛と憐れみと赦しの言葉であります。

二〇一三年三月二九日　演説

内省★あなたは世の中の悪を見るとき、神はどこにおられるのだろう、と首をかしげることがありませんか？　そのような状況におかれたとき、十字架上でイエスが与えてくださったたまものについて考えることを思い起こしなさい。

3月15日
死の中に入る

十字架を見つめ、十字架に触れた人に、十字架は何を与えたのだろうか。十字架はわたしたち一人ひとりに何を与えたのだろうか。お分かりですか？　それは他の誰も与えることができなかった宝、神がわたしたちに対してもっておられる忠実な愛の確証です。それは、わたしたちの罪の中に入ってそれを赦すという偉大な愛であり、わたしたちの苦しみの中に入ってそれに耐える力を与える愛なのです。

それは死に打ち勝ち、わたしたちを救うために、死の中に入る愛であります。

二〇一三年七月二六日　ワールド・ユースデイ　十字架の道行きのメッセージ

内省★十字架の道行きを黙想しなさい。神があなたに与えられた宝を熟考しなさい。

3月16日
しゃべる、しゃべる、しゃべる……いいえ！

わたしの体験は、夕方主に祈るために行く聖櫃《せいひつ》の前で感じることです。ときにはしばらくのあいだ居眠りもします、確かにそうです。というのは多かれ少なかれ、一日のストレスが眠気を催しますが、主はそれをお分かりになります。主がわたしを見ておられると思うと、深い慰めを感じます。わたしたちは祈らなければならないと思って、しゃべり、しゃべり、しゃべり続けます。いいえ、主にあなたを見ていただきなさい。主がわたしたちをご覧になるとき、主はわたしたちに力を与え、主を証しするのを助けられます。

二〇一三年五月一八日　メッセージ

内省★神のみ前で沈黙するために、少なくとも五分間、今すぐ時間をとりなさい。

3月17日
心遣いがない

自分も含めてですが、わたしたちの何人があるべき態度を失ったことでしょう。わたしたちが生きているこの世界に対しての配慮の欠如、すべての人のために神が創造されたものを保護しない、さらにお互いのことにも無関心になってしまっている。

二〇一三年七月八日　説教

内省★わたしたちの文化は、どこで、お互いをケアすることから遠ざかってしまったのだろうか。あなたの生活のどこで、この文化を取り入れてしまったのだろうか。

3月18日
希望のたまもの

わたしたちキリスト者にとって、十字架のあるところにはつねに希望があります。希望がなければ、わたしたちはキリスト者ではありません。だからこそ希望をなくさないでください、と言いたいのです。わたしたちが希望を失いませんように！　この力は恵みであり、目は天を目指して、わたしたちを前進させる神からのたまものだからです。

二〇一三年八月一五日　説教

内省★あなたから希望を奪っているものは何ですか。あなたの生活の中で、希望のたまものを神に願いなさい。

3月19日

聖ヨセフのことを思う

おとめマリアの浄配、聖ヨセフの祝日

イエスとマリアを見守った聖ヨセフのことを考えましょう。神が彼に託された家族の世話と、旅路で危険を避けるように導いた、彼の注意深いまなざしを思い巡らしましょう。これと同じ理由で、牧者は羊の群れに道を示すために先頭に立ったり、群れを一つに集めるために真ん中に立ったり、何頭かが後に残されたりしないように後方に立ったりします。それはまた、群れ自体がいわば〝良い鼻〟で勝手な道に行こうとするのを防ぐためでもあります。このことは、牧者がどのように振る舞わなければならないかを示しています。

二〇一三年六月二一日　演説

内省★生活の中で人びとに心を配り、保護するために、聖ヨセフはわたしたちみなにとって大切なモデルである。神の召し出しに対する彼の全面的な従順と心からの奉仕の模範をとおして、何を学ぶことができるだろうか。

3月20日

自由に与える

神のみ国を宣べ伝えるために弟子たちを派遣されたとき、イエスは彼らに向かって「ただで受けたのだから、ただで与えなさい」（マタイ10・8）と言われました。主はそのみ国が、際限なく与えられた愛の態度をとおして広げられることを望んでおられました。初代のキリスト者たちが、自分たちからあふれ出るメッセージを広げるために出ていったとき、男性も女性もすべての人が彼らをキリスト者と認めたのはこのためでした。「自由に受けたのだから、自由に与えなさい。」教会は魅力と証《あか》しによって成長するのであって、勧誘によるのではありません。

二〇一二年二月二二日　わたしたちを救うことができる　四旬節の書簡

内省★与えられた神のたまものを心に留めて、どんな態度で愛と勇気を他の人びとに与えることができるだろうか。あなたは今日この見方で、どのように生きることができるだろうか。

3月21日
スキャンダル

イエス・キリストを信じること、それは冗談ではありません。非常に重大なことです。神がわたしたちの一人となるため、この世に降られたということは、驚くべきことです。彼が十字架上で亡くなられたことはスキャンダルです。それはスキャンダルです、十字架のスキャンダルです。十字架はスキャンダルを引き起こし続けています。しかしそれは唯一の確かな通り道であり、十字架の道、イエスの通り道、受肉されたイエスの通り道であります。

どうか、イエス・キリストにおけるあなたの信仰に水を差さないでください。オレンジ、アップル、バナナジュースなどのジュースには水が加えられていますが、どうか水で薄められた信仰を飲まないでください。 二〇一三年七月二五日 ワールド・ユースデイのメッセージ

内省★イエスに対するあなたの信仰に水を差すとは、どのようなことですか。イエスへのコミットメントを強めるのを助けるよう、十字架について黙想しなさい。

3月22日
あなたの舌を嚙《か》みなさい

各自は今日、自問してみてください。「わたしは家族、小教区、共同体でよりいっそう調和を広げているでしょうか、それともおしゃべり屋でしょうか。あるいは分裂と困惑の原因でしょうか。」そうです。あなた方はうわさ話が教会、小教区、共同体にもたらす害をご存じです。うわさ話は害をもたらします。おしゃべりは傷つけます。

キリスト者はうわさ話に口を開く前に、舌を嚙まなければなりません！　自分の舌を嚙むということは、よい結果を生みます。というのは、それによって舌が腫《は》れ、話ができなくなり、うわさ話ができなくなるからです。「わたしは相手に与えた生傷を、犠牲によって忍耐強く癒やすほど十分に謙虚でしょうか。」

二〇一三年九月二五日　一般謁見

内省★舌を嚙まなければならないような状況を、あなたは知っているか。うわさ話を避け、他の人についてよいことを話す恵みを主に願いなさい。

3月23日
わたしたちを救う

わたしたちは、すでに激しい権力の欲求、頑強な自己主張、異なった意見の拒絶が、どのような結果に導くかを知っています。すなわち良心の疲弊《ひへい》と放棄です。純粋な愛の掟《おきて》だけが、わたしたちを救うことができるのです。堅実で謙虚で、出しゃばらない、しかし、確信と他の人びとへの献身においての堅実さが、わたしたちを救うことができるのです。

二〇一二年五月二五日　わたしたちを救うことができる　説教

内省★あなたは、なぜ謙遜は愛の本質であると思うのだろうか。もっと心から、現実的に他の人びとを愛するために、謙遜の精神はどのようにあなたを助けることができるだろうか。

3月24日
悪魔が提供する苦味

日ごとに悪魔が提供する悲観主義とその苦味に、決して負けないでください。悲観主義や失望感に陥ってはいけません。地の果てに至るまで（使徒言行録1・8）福音をもたらすために、新しい宣教方法を忍耐強く探す勇気を、聖霊は力強い息吹をもって教会に注いでおられることを確信しましょう。

二〇一三年三月一五日　演説

内省★あなたを悲観主義者にしているのは何だろう、あなた自身か、教会か、世界か？希望と勇気が与えられるよう聖霊に願いなさい。

3月25日
マリアの受諾に戻ろう
主のお告げの祝日

このことについて、マリアから学ばなければなりません。彼女の受諾、自分の生涯に神の御子を受け入れるという全面的に開かれた心の態度、その時点から変容された彼女の生涯を、わたしたちもまた生きなければなりません。聖霊をとおして、御父と御子はわたしたちとともに住まわれ、わたしたちは神のうちに、神の命を生きています。しかし、わたしたちの生活は真に神のインスピレーションを受けているでしょうか。どれほど多くのことを神に優先させているでしょうか。

二〇一三年五月一五日　一般謁見

内省★あなたが神に優先させていることは何か。神が望まれることに対して、あなたはどのようにマリアの受諾を生き直すか。

3月26日
決してあきらめない

愛する兄弟姉妹のみなさん、神がわたしたちの生活にもたらされる新しさに、心を閉ざさないようにしましょう！　わたしたちはたびたび疲れきって、心を閉ざし、悲しんでいませんか？　罪の重さを感じているのでしょうか。対応できないと感じているのでしょうか。心を閉ざさないようにしましょう。信頼を失わないようにしましょう。決してあきらめないようにしましょう。神が変えることのできないような状況はないのです。わたしたちが神に対して心を開いているならば、神が赦されない罪はないのです。

二〇一三年三月三〇日　復活前夜祭の説教

内省★あなたの生活において、神はどんな新しいことをされているか。神があなたに求められていること以上に、あなたはどのように自分を開いていけるか。

3月27日

罪の実体

アダムは罪を犯したあと、恥を体験し、裸であることを感じ、自分がしたことの重さを意識しますが、それでもなお神は彼を見捨てられませんでした。神は直ちに、「アダム、どこにいるのか」と問われ、彼を探し出されます。イエスはわたしたちの罪を洗い流すために、アダムの裸の状態を捉え、彼の恥と罪の実体を身に負われました。イエスの御傷によって、わたしたちは癒やされたのです。

二〇一三年四月七日　神の憐れみの主日の説教

内省★あなたの罪と十字架上のイエスの贈り物について振り返る時間を取りなさい。そしてイエスの癒やしを体験しなさい。

3月28日
再び十字架につけられる

ローマの古い伝説によると、ネロの迫害中ローマから逃れていた聖ペトロは、逆の方向すなわちローマに向かって旅をされるイエスに出会い、驚いて「主よ、どこへ行かれるのですか」とたずねました。イエスの答えは「もう一度十字架につけられるためにローマへ行く」でした。その瞬間ペトロは、最期まで勇気をもって主に従わなければならないことを理解しました。彼はまた、旅が決して一人でないこと、死に至るまで彼を愛されたイエスが、つねに彼とともにおられることを実感したのです。

二〇一三年七月二六日　ワールド・ユースデイ　演説

内省★あなたは、どのようにペトロの身になり得るだろうか。神はどのように、旅路であなたとともにおられるだろうか。

3月29日
改革の第一歩

教会の司牧者たちは憐れみ深く、人びとのために責任をもち、隣人の傷を洗い、清め、立ち上がらせたよいサマリア人のようでなければなりません。これが純粋な福音です。神は罪よりも偉大な方です。機構や組織の改革は二義的なものであり、あとからきます。改革の第一歩は態度でなければなりません。

福音による牧者は人びとの心を暖め、彼らとともに夜の暗闇の中を歩き、どのように対話するかを知り、迷子にならずに人びとの夜、その暗闇の中へ彼らとともに降りていくことができる人です。

二〇一三年九月三〇日　雑誌『アメリカ』「教皇フランシスコとの会見」

内省★コンパッションを広げて、「ともに歩む」ことに優れた人を思い起こしなさい。その模範にどのように従うことができるだろうか。あなたが感じるかもしれない無関心を乗り越えるために、どんなステップを踏み出すことができるだろうか。

3月30日
最終決定

愛する兄弟姉妹のみなさん、現代において最終決定をすることは何と難しいのでしょう。一時的なものが、わたしたちをいざないます。まるで思春期にとどまることを望むかのように、わたしたちは一時的なものへと駆り立てる時流の犠牲者なのです。思春期にとどまることには、ある種の魅力があり、それは生涯続きます！

生涯を賭《か》けること、全生涯に関わるコミットメントを恐れないようにしましょう！　そうすれば、わたしたちの生涯は豊かな実を結びます！　そしてこれこそが自由というものです。すなわち、惜しみない心で決定をする勇気をもつことです。

二〇一三年五月四日　演説

内省★あなたが今避けているのは、どのような決定だろうか。今日一つの決定をすることを神が助けてくださるよう願いなさい。

3月31日
神はあなたを好きですよ

わたしたちは聖霊に耳を傾けているでしょうか。聖霊は何と言っておられますか。「神はあなたを好きですよ」と言っておられます。神はこのことをわたしたちに言われるのです。「神はあなたを愛しています、あなたを好きですよ」と。わたしたちはほんとうに、イエスが愛されたように、神と他の人びとを愛しているでしょうか。

聖霊に導かれるままになりましょう。聖霊がわたしたちの心に語りかけ、神は愛です、神はあなたを待っています、神は父であり、ほんとうの父が愛するように、わたしたちを愛し、真に愛している、と言われます。聖霊だけがこのことをわたしたちの心に告げることができるのです。

二〇一三年五月八日　一般謁見

内省★心の中で、神をどのように見ているのか内省なさい。あなたに対する神の愛を理解するのを助けてくださるよう、聖霊に願いなさい。

4月

4月1日
「お前は馬鹿だよ！」

わたしたちは、ときに自分たちを安全に保ちたいと思い、そうできると信じてしまいます。口に出しては言いませんが、しかしそのように生活しています。例えば、「自分のためにお金を貯《た》める、そうすれば安全だ。お金があれば問題はない……品位が保てる、金持ちであるという品位が。」

福音の譬《たと》え話、満杯の穀倉をもっていたあの人のことを思い起こしなさい。「もう一つ倉を建てよう。もっともっと穀物を貯めるために。そうすれば安らかに眠ることができる」と彼は言っています。そして、主は「お前は馬鹿だよ！　今晩お前は死ぬ」と答えられます。こうした安全は間違っています。それは明らかに一時的なものです。

二〇一三年四月一〇日　聖マルタの家での説教

内省★あなたの生きざまは、安全に対する希望をどこにおいているかを、どのように示しているだろうか。世間に？　財産に？　権力に？　イエスの十字架上の死からくる安全性だけに信頼をおきなさい。

4月2日
99匹を失ってしまった！

みなさんに話したいことがあります。福音の中に美しい話がありますが、それは羊飼いが群れのところにきてみると、その中の一匹がいないことに気付く話です。彼は九十九匹をおいて、いなくなった一匹を探しにいきます。しかし、兄弟姉妹のみなさん、わたしたちはその一匹だけをもっているのです。そして残りの九十九匹を失ってしまったのです。わたしたちはこの九十九匹のところへ出かけていかなければなりません。彼らのところへ行かなければなりません！　現代文化の中で、この真実を認めましょう。わたしたちはたった一匹しかもっていないという真実を語りましょう。わたしたちは少数派です！　外に出ていって他の九十九匹を見つける意欲、使徒的情熱を感じているでしょうか。

これは非常に重大な責任であり、寛大さの恵み、出かけていくための忍耐、出かけていって福音を告げる恵みを主に願わなければなりません。ああ、これは易しいことではありません。一匹の羊といっしょに家にいるほうがずっと易しいのです。その羊とともにいて、毛を梳《す》いてやり、体をなでてやるほうがずっと易しいことですが…わたしたち司祭も、またあなた方キリスト者も、主はすべての人が羊飼いになることを望んでおられます。しかし毛を梳いてやることだけに大騒ぎする羊飼いは望まれません。二〇一三年六月一七日　演説

内省★イエスは出かけていき、九十九匹を連れ戻すことをあなたに求めておられる。あなたは、これについてどう思うだろうか。何が恐ろしいのか。何を望むのか。これについて主に語り、あなたに必要な寛大さを願いなさい。

4月3日
泣くことを忘れてしまった

　わたしたちの社会は泣くこと、コンパッションを体験すること、他の人びとと〝ともに苦しむこと〟を忘れてしまいました。世界じゅうに広がった無関心は、わたしたちから泣く力を奪ってしまいました！　わたしたちの無関心を泣き、世界とわたしたちの心の残忍性を泣き、悲劇的状況に道を開く社会的・経済的決定をするすべての匿名《とくめい》の人びとの残酷さを泣く恵みを主に願いましょう。今日この世界で、誰か泣いた人がいるでしょうか。

二〇一三年七月八日　説教

内省★少しのあいだ、周囲の人びと、世界の人びとに対するあなたの共感について調べてみなさい。今後二～三週間のあいだに具体的な方法で、他の人びとを助けるために何ができるだろうか。

4月4日
愛のしるし

聖霊に心の扉を開きましょう。わたしたちが聖霊によって導かれ、神の愛に照らされて新しい人にしていただけるように、神の絶え間ない助けに身を委ねましょう。聖霊はそれをしてくださるのです。あなた方それぞれが、毎晩次のように言うことができれば、何と美しいことでしょう。「今日、学校で、家庭で、職場で、神に導かれて、友だち、両親、高齢者のひとりに愛のしるしを示すことができたら、何と美しいことでしょう！　何とすばらしいことでしょう！」

二〇一三年四月二八日　堅信式のミサでの説教

内省★今日、教皇フランシスコのこの言葉を、国際的なあり方で生きるよう努力しなさい。今日だけでなく毎日、誰かに愛のしるしを示す機会を得られるよう聖霊に願いなさい。

4月5日
希望の光

上から手を伸べてくださるのは神であり、神はわたしたちの希望です！　現代はある意味で、若者を含めてすべての人が、神の場に代わるお金・成功・権力・快楽を提供するように見える多くのアイドルに惹《ひ》かれています。多くの人の心中でますます広がる寂しさと空虚感が、これら架空のアイドルに満足を求めさせているのです。

愛する兄弟姉妹のみなさん、希望の光となりましょう！　現実に対して積極的な見方を保ちましょう。

二〇一三年七月二四日　ワールド・ユースデイ　説教

内省★今週、生活の中で、一人の若者のために特別な時間をつくりなさい。希望の光となりなさい。

4月6日
教会の信用性

わたしたちはみな、このことをよく覚えておきましょう。自分の生活の具体的証《あか》しなしに、イエスの福音を宣言することはできません。わたしたちの語ることを聴き、姿を見る人は、わたしたちの口をとおして聞くことを、その行動の中に見なければなりません。そして、それによって神に栄光を帰するのです。

司牧者や信徒の言行不一致、言葉と行いの矛盾は、教会の信用性を曖昧《あいまい》なものにしてしまいます。

二〇一三年四月一四日　説教

内省★あなたの生活のどんな面が、教会の信用性の証しを損なっているだろうか。

4月7日
主はわたしたちの歩調で歩まれる

わたしたちの生活の中での神の働きに「決まった様式」はありません。そんなものは存在しません。神は、ある仕方で介入され、後には別の方法を使われますが、つねに介入されます。主は、つねにわたしたちの生活の中に入る方法を選ばれます。主はしばしばとてもゆっくり、非常にゆっくりそうされるので、わたしたちはいささか忍耐力を失う危険に陥り、「でも主よ、いつきてくださるのですか?」と質問したりします。

……主はご自分の時間を取られます。しかし主であっても、わたしたちとの関係において多くの忍耐をおもちです。主はわたしたちを待っておられます。わたしたちの生涯の終わりまで待たれます。よい盗賊のことを考えてごらんなさい。最後の最期の瞬間に彼は神を認めました。主はわたしたちとともに歩まれますが、エマオへ向かった弟子たちの場合のように、しばしばご自身を啓示されません。

主はわたしたちの生活に巻き込まれておられます――それは確かです――しかし、わたしたちにはそれが分からないのです。ここで、わたしたちの忍耐が必要になります。しかし、わたしたちとともに歩まれる主は、多くの忍耐をもたれ、わたしたちの歩調で歩まれるのです。

二〇一三年六月二八日　聖マルタの家での説教

内省★あなたはどこで主に対して忍耐があるだろうか?　主はあなたに対して、どこで忍耐強くあられるだろうか。

4月8日
貧しい人からの窃盗

この意味で、わたしはあなた方の国の経済専門家や政治的リーダーたちに、聖ヨハネ・クリソストムの言葉を考察されるよう勧告します。「自分の財産を貧しい人びとと分かち合わないのは、貧しい人びとから掠奪《りゃくだつ》し、彼らの命を奪うことである。わたしたちが所有するのは自分たちの財産ではなく、彼らのものである。」（『ラザロについての説教』より）

二〇一三年五月一六日　演説

内省★お金は他の人たちを祝福する一つの方法であるということを、あなたはどのように理解するだろうか。あなたに与えられたたまものと資産をどのように使うことを、神は求めておられるだろうか。

4月9日
愛の浸透

福音の広がりは人数とか、施設の名声とか、運用可能な資産額などによって保証されるものではありません。大事なことは、キリストの愛に充ち満ちていること、聖霊によって導かれていること、自分の命を生命の木、すなわち主の十字架に接ぎ木していることです。

二〇一三年七月七日　神学生と志願者たちとのミサでの説教

内省★主に信頼をおきなさい。主はあなたが福音を広めるのを助けてくださるだろう。

4月10日
心臓にとってよいこと

信仰の旅路においては、主のうちに堅固な希望をもち、ゆるぎなくとどまりなさい。これが旅路の秘策です！　主はわたしたちに、潮の流れに向かって泳ぐ勇気を与えてくださいます。流れに反対していくことに注意しなさい、それは心臓にはよいのですが、潮の流れに逆行して泳ぐことには、勇気が必要です。この勇気をくださるのはイエスです。

二〇一三年四月二八日　堅信式のミサでの説教

内省★現代文化は非常に強い潮流です。あなたが抵抗するのに特に難しい文化のマイナス面がありますか。信仰の旅路においてあなたが勇気を必要とするのは、どの点だろうか。

4月11日
イエスのもとへ行こう

主は、つねに慈しみ深くわたしたちを見守られることを忘れないようにしましょう。主はつねに慈しみをもってわたしたちを見守られます。主に近づくことを恐れないようにしましょう！　主は慈しみ深い心をもっておられます。わたしたちが心の傷、内面の罪を示すならば、主はつねにわたしたちを赦《ゆる》してくださいます。それは純粋な憐れみです。イエスのところへ行きましょう！

二〇一三年六月九日　昼の演説

内省★あなたの生活を調べ、内面の罪について神に語りなさい。今週、告白に行く時間を見つけること。

4月12日
本の中だけでなく

ある人たちは、「いいえ、わたしは本の中で信仰について読むほうが好き」と言うでしょう。信仰について読むことは大切ですが、本はそれだけでは十分ではありません！大事なことはイエスとの出会いです。イエスと出会うこと、それがあなたに信仰を与えるのです。あなたに信仰を与えられるのはイエスだからです！　二〇一三年五月一八日　演説

内省★あなたは今週どのように神と出会いますか？　神との深い対話をとおして？　他の人びとをとおして？

4月13日
何一つ残さず

聖週間をとおして、わたしたちは人生の旅路と、神と人類の関係史全体を流れる愛のご計画の最高の瞬間を生きています。イエスはご自分の全存在を総括する最後のステップを踏むため、エルサレムへ入場されます。主は何一つ残さずご自分をささげられます。主はご自分のためには命さえも残さず、すべてをささげられました。

二〇一三年三月二七日　一般謁見

内省★十字架上のイエスの自己滅却をとおして、わたしたちに示された神の愛について読み、考える時間を取りなさい。

4月14日
イエスとともにとどまる

十字架の論理は第一に苦しみと死の論理ではなく、むしろ命をもたらす愛と自己奉献の論理です。キリストに従っていき、彼とともにとどまることは、〝自分自身から出ていくこと〟、一種の習慣になってしまった退屈な信仰生活から脱出して、外へ出ていくことを要求します。それは自分の計画の中に引き籠もり、最後には神の創造的働きを締め出してしまう誘惑から、外へ向かって出ていくことです。

二〇一三年三月二七日　一般謁見

内省★今週あなたはどのように「キリストとともに」あっただろうか。あなたの論理を十字架の論理に変え、単なる習慣の信仰から引き出していただくよう神に願いなさい。

4月15日
あなたは十字架を一人で担っているのではない

キリストの十字架はわたしたち自身を含めて、人類の苦しみと罪を担っています。イエスは両腕を広げてそれらすべてを受け入れ、わたしたちの小さな十字架を担って、次のように言われます。「勇気を出しなさい！　あなたは一人で十字架を担いでいるのではない。わたしがあなたといっしょにそれを運んでいる。わたしは死に打ち勝ち、あなたに希望を与え、命を与えるためにきた」（ヨハネ3・16参照）。

二〇一三年七月二六日　ワールド・ユースデイ　十字架の道行きでの演説

内省★あなたは今日、何を心配しているのか。それらを表にし、あなたとともに重荷を担われるイエスに渡しなさい。

4月16日
悪魔に祈っている

わたしたちがイエス・キリストを公言していないとき、レオン・ブロワの言った次のことが頭に浮かんできます。「主に祈らない人は、悪魔に祈っている。」イエス・キリストを公言しないとき、わたしたちは悪魔の世俗性、悪魔的世俗を公言しているのです。

二〇一三年三月一四日　説教

内省★イエスを公言するとは、心の中で、言葉と行いによって、イエスを主として公に言い表すことを意味します。今週あらゆるところで、イエスは主であると公言する時間を取りなさい。

4月17日

すべてをわたしたちのために

最後の晩餐《ばんさん》の席で友人たちとともに、イエスはパンを裂き、「わたしたちのために」杯を回されました。神の御子はわたしたちのためにご自身をささげられ、つねにわたしたちとともにあるために、わたしたちのあいだに住まわれるために、御体と御血をわたしたちの手に渡されました。そしてオリーブの園で、またピラトの面前の裁判の席では何も拒まずご自分をささげ、イザヤによって預言された苦しむしもべとして、死に至るまでご自分を無にされました（イザヤ53・11参照）。

二〇一三年三月二七日　一般謁見

内省★偉大な聖体祭儀の贈り物を神に感謝するために、ミサの後、普段以上に時間をとりなさい。

4月18日
彼はあなたのためにご自分をささげられた

イエスは父なる神の愛と交換するために、喜んでご自分を死に渡され、父なる神のみ旨との完全な一致のうちにわたしたちに対する愛を示すために、ご自分を死に渡されました。十字架の上でイエスは「わたしを愛し、わたしのために身をささげられた」（ガラテヤ2・20）のです。わたしたち一人ひとりは「彼はわたしを愛し、わたしのためにご自分をささげられた」と言うことができる。

二〇一三年三月二七日　一般謁見

内省★イエスは、特別にあなたのために死んでくださったことを思って、時間を過ごしなさい。

4月19日
あなたはどんな人になりたいのか

しかしキリストの十字架はまた、わたしたちが彼の愛に魅了され、他の人びと、特に苦しんでいる人、助けを必要としている人、ひと言あるいは具体的な行為を必要とする人に、慈しみと優しさの目を注ぐことを教え、招いています。十字架の道行きの途上で、わたしたちは何度彼らを見たことでしょう。彼らはカルワリオへの途上で、何度イエスのお供をしたことでしょう。ピラト、キレネのシモン、マリア、女性たち……。

そしてあなたは、あなたはどんな人になりたいのですか、ピラトのような人ですか、シモンのような人ですか、マリアのような人ですか？　イエスはあなたを見つめ、今あなたに問われます。あなたはわたしが十字架を運ぶのを手伝ってくれますか？　兄弟姉妹のみなさん、あなた方すべての若い力をもって、イエスに何と応えますか？

二〇一三年七月二六日　ワールド・ユースデイ　十字架の道行きでの演説

内省★カルワリオへの途上にあったすべての人物を考えなさい。あなたがもっとも似ているのはどのような人物か。あなたはどのような人になりたいだろうか。

4月20日

喜びを感じよう！

朝ごく早く、女たちはイエスのお体に聖香油を塗るために墓に行き、墓が空であるという最初のしるしを発見します。そして、神からの使者との出会いが続きます。「ナザレのイエス、十字架につけられたお方は復活し、ここにはおられない」(マルコ16・1〜6参照)と使者は告げました。愛に動機づけられていた女性たちは、信仰によってこの知らせを受け入れることができたのです。彼女たちはそれを信じ、直ちにそれを伝えに走ります。自分たちのためにだけ隠しておかず、他の人びとに伝えるために……。

これはわたしたちの生活にも起こるべきことです。わたしたちがキリスト者であるという喜びを感じましょう！　わたしたちは悪と死に打ち勝って復活された方を信じているのです！　わたしたちの生活のあらゆる場所へ、この喜びとこの光をもたらすために、〝自分たちから出ていく〟勇気をもちましょう！

二〇一三年四月三日　一般謁見

内省★あなたはどこに喜びを見いだすだろうか。イエスの新しい生命をあなたの喜びの中心とするよう、神に助けを求めなさい。

4月21日
新しいコンディション

イエスは新しいあり方で現存されます。彼は十字架につけられましたが、彼の体は栄光に満ちあふれ、地上の命にかえるのではなく、新しいコンディションで戻られたのです……。わたしたちにとっても、復活された方がご自分を示される多くのしるしがあります。たとえば、聖書の中で、聖体祭儀において、その他の秘跡の中で、チャリティー活動においてなど、復活された方の光を輝かせる愛の行為すべてにおいて、しるしがあります。

わたしたち自身も、キリストの復活によって明るく輝きましょう。わたしたちをとおして、死のしるしがこの世界の生命のしるしに変えられるよう、キリストの力によって変容させていただきましょう。

二〇一三年四月三日　般謁見

内省★あなたにとって復活されたキリストをよりよく知る具体的方法は何だろうか。今週、聖書深読、聖体祭儀、チャリティー活動に割く時間をさらに増やそう。

4月22日
わたしたちの信仰の基盤

わたしたちの生活にとって、復活は何を意味しているでしょうか。復活がなければ、わたしたちの信仰は無意味であるのはなぜでしょうか。わたしたちの信仰は、キリストの死と復活に基礎を置いています。それはちょうど、家が土台の上に立っていて、もしそれが揺らげば、家は崩れてしまうのと同じです。

イエスはわたしたちの罪の重荷をご自分に課し、十字架上でご自分を渡され、死の深淵《しんえん》に下られました。そして復活によってそれらに打ち勝ち、罪と死を取り除き、わたしたちに再生と新しい生命への道を開いてくださいました。

二〇一三年四月一〇日　一般謁見

内省★復活がなかったなら、あなたの生活に何か違いがあるだろうか。復活があなたの生活にどんな意味をもつか、そしてあなたの行動がいかにこの偉大なたまものから流れ出ているかを考察しなさい。

4月23日
あなたは革命家か？

歴史上には非常に多くの革命家が、ほんとうに多くの革命家がいました。しかし、誰もイエスがわたしたちにもたらしたような革命の力をもった者はいませんでした。それは歴史を変革し、人間の心をその根底から変革した革命です。歴史上の革命は政治的・経済的組織を変えましたが、そのどれもほんとうに人間の心を変えたものはありませんでした。

革命、根本的に生命を変容した革命は、イエス・キリストの復活をとおしてもたらされたのです。現代のこの時点で、キリスト者が革命家でないならば、彼らはキリスト者ではありません。

二〇一三年六月一七日　演説

内省★あなたは革命家ですか？　あなたの生活をさらに根本的に変容するために、どのように神に信頼することができますか。

4月24日
キリストの勝利

復活祭の秘跡に含まれる恵みは、わたしたちの個人的存在、家族生活、社会的関係の刷新に非常に大きな可能性をもっています。しかし、すべては人間の心をとおして行われます。もしわたしが復活したキリストに触れていただくなら、もしわたしが自分をも他人をも傷つけるダメな面をキリストによって変えていただくなら、キリストの勝利をわたしの生活の中で確証したことになります。

二〇一三年四月一日　正午の演説

内省★秘跡の恵みをもっと効果的にするのには、どのようにそれを受けたらよいだろうか。秘跡をとおして、主がどのようにあなたを導き、癒やし、力づけてくださるかを学ぶようあなたを助ける記事や本を探しなさい。

4月25日
あなたは真にイエスを知っているか……

初代キリスト者共同体の歴史は、すべての時代の教会、またわたしたちにも当てはまる非常に大切なことを述べています。人が真にイエス・キリストを知っていて、彼を信じているとき、その人は生活の中での彼の現存と復活の力を体験して、その体験をコミュニケートしないではいられなくなります。

二〇一三年四月二四日　正午の演説

内省★あなたは生活の中でイエスの現存をコミュニケートできるだろうか。イエス・キリストをさらによく知るために、何をする必要があるだろうか。

4月26日
死があるところ

わたしたちの日常の問題や心配は、自分の中に、悲しみや苦味の中に、自分たちを閉じ込めてしまいます。そして、そこに死があるのです。生きておられる方を探すのはそこではありません！　復活されたイエスをあなたの生活の中に入れてください。彼を友だちのように、信頼して迎え入れてください。彼は命です！

二〇一三年三月三〇日　復活前夜祭の説教

内省★あなたの問題や恐れの中へイエスを招き入れなさい。彼は必ずこられると期待しなさい。

4月27日
主のもっとも力強いメッセージ

わたしたちもまた、一方ではイエスに耳を傾けたいと思い、しかし他方、相手の言おうとする言葉を遮る棒を探したくなることがあります。そのとき、イエスは次のメッセージを示されます。憐れんでください！

わたしも謙虚になって言うのですが、これが主のもっとも力強いメッセージだと思います。憐れんでください！

二〇一三年三月一七日　説教

内省★あなたはどこで、神の憐れみと忍耐と赦しの体験を、必要としているだろうか。誰に対して憐れみ深くなる必要があるだろうか。

4月28日

喜びと熱意

わたしはパウロ六世の言葉を引用したいと思います。それはあたかも昨日書かれたかと思われるほど、時宜にかなっているからです。「ときには苦悩のうちに、ときには希望をもって探し求める現代世界が、福音を受け取ることができますように！　それは意気消沈し、失望し、いらだち、不安に陥っている宣教師たちからではなく、生活が熱意に輝き、第一にキリストの喜びに満たされ、神のみ国が宣言されて世界のただ中に教会が設立されるために、生命の危険を冒すことも恐れない福音宣教者たちによるのです。」（使徒的勧告『福音宣教』80）

二〇一三年五月一七日　演説

内省★あなたの生活の中で、どのようにいらだちや不安を退け、喜びと熱意を取り戻すことができるだろうか。この変容は他の人びとに対するあなたの証《あか》しを、どのようにより効果的にするだろうか。

4月29日
わたしたちの力

わたしたちにより大きな希望の扉を開くのは、復活です。それは、わたしたちの生活と世界の命を、神の永遠の未来と完全な幸福、悪と罪と死に打ち勝つ確証へと開くからです。そしてこのことは、より大きな信頼をもって日々の状況を生き、勇気と決意をもってそれらに直面するように導きます。

キリストの復活は新しい光をもって、こうした日々の状況を照らします。キリストの復活はわたしたちの力です！

二〇一三年四月三日　一般謁見

内省★復活は、日々の状況に対するあなたの見方を、どのように変えるだろうか。

4月30日
生ける水

このことについて自分たちに問うことができます。なぜ、この水はわたしたちの深い渇きを潤すことができるのでしょうか？　わたしたちは水が生命にとって大切であり、水がなければわたしたちは死んでしまうこと、水は潤し、洗い、大地を豊かにすることを知っています。聖パウロは『ローマの信徒への手紙』の中で、「わたしたちに与えられた聖霊によって、神の愛がわたしたちの心に注がれているからです」（ローマ5・5）と述べています。〝生ける水〟である聖霊、復活された方のたまもの、わたしたちのうちに住まわれる方は、わたしたちを清め、照らし、新たにし、変容されます。それはわたしたちを、愛である神の生命そのものにあずかる者としてくださるからです。

二〇一三年五月八日　一般謁見

内省★生活の中で、あなたは何に渇いているのだろうか。この渇きを、イエスにどのように潤していただけるだろうか。

5月

5月1日

労働はわたしたちに尊厳を与える

労働者聖ヨセフの祝日

労働は神の愛のご計画の一部です。わたしたちは全被造物を大切にし、育てるよう召されていて、これによって創造のみ業に参与しているのです！　労働は人間の尊厳にとって根幹であります。労働は、譬《たと》えを使って言えば、〝聖油を注ぐ〟ことによってわたしたちを尊厳で満たし、神に似た者とするのです。神は働かれ、今もまだ働かれ、つねに行動されています（ヨハネ5・17参照）。これによって人は自分と自分の家族を保ち、自国民の成長に寄与することができるのです。

二〇一三年五月一日　一般謁見

内省★労働はあなたの生活にどんな意味を与えているだろうか。労働において、あなたはどこに神を見いだすことができるだろうか。あなたがともに働く人びと、あなたがする仕事をとおして、いかに神に近づくことができるかを考察しなさい。

5月2日
善のために自由である

第一に自由な人でありなさい。自由とは何を意味するのでしょうか。自由であるということは、自分がしている行動について考えることができ、善悪を評価できることです。進展へ導く行動に複数のタイプがありますが、つねに善を選択することです。善のために自由でありましょう。そしてそのように行動する中で、それがたやすいことではないとしても、流れに逆行するのを恐れないでください。善を選択するためにつねに自由であることは努力を要しますが、それはあなたを生活に直面できる気骨をもった人、勇気と忍耐を備えた人にするでしょう。

二〇一三年六月六日　イタリアとアルバニアのイエズス会の学校の生徒たちへの講演

内省★文化的背景にもかかわらず、生活において正しい選択をする自由があるだろうか。より強い気骨を必要とするのは、どこにおいてだろうか。

5月3日
わたしの不信仰を助けてください

ここにいる誰かが考えているかもしれません。わたしの罪はあまりにも大きい。わたしは聖書の中の譬え話に出てくる弟のように神から遠く離れていて、わたしの不信仰はトマスのようだ。わたしは戻る勇気ももたず、神がわたしを迎え入れてくれる、人もあろうにこのわたしを待っていてくれる、などとは信じられない。しかし、神はほんとうにあなたを待っておられます。神のもとへ行く勇気だけをあなたに願っておられるのです。

二〇一三年四月七日　神の慈しみの主日の説教

内省★あなたの罪と疑いについて、神に話しなさい。あなたがどのように考え、感じているかを正直に語りなさい。恐れてはいけません。マルコ福音書に出てくる父親のように、「信じます。わたしの不信仰を助けてください！」と祈りなさい。

5月4日
羊は羊飼いを知っている

羊は羊飼いの声を知っていて、それが誰であるかを認めます。羊は誰が羊飼いであり、誰が羊飼いでないかを知っています。彼らは誰が金銭目当ての雇用人であるかを知っています。狼《おおかみ》が襲ってくるとき、彼らを守ってくれるのは誰であり、逃げてしまうのは誰であるかを知っています。羊たちはこれらのことを知っているのです。この理由のためにイエスは言われたのです。「わたしの羊はわたしの声を聞き分ける。わたしは彼らを知っており、彼らは私に従う」(ヨハネ10・27)。

二〇一三年八月四日　説教

内省★あなたはどんな声を信頼するだろうか。他の人びとの意見は、あなたの生き方にどのような影響があるだろうか。イエスのお声に信頼をおくように、しばらく時間をとりなさい。福音におけるイエスのお声が、あなたの生活の中でもっとも強い声になるようにしなさい。

5月5日

強く、安全、堅実

復活されたキリストは決して絶えることがない希望、決して欺くことのない希望です（ローマ5・5参照）。希望、主の希望は、わたしたちを失望させません！　生活の中で何回望みが消え去り、心の中に抱いた期待が、何回無に帰したことでしょう！　キリスト者としてのわたしたちの希望は、神がわたしたちを歩むようにと呼ばれたこの地上で、強く、安全であり、堅実です。そしてその希望は、つねに忠実である神に基をおきますから、永遠に開かれています。神は、わたしたちに対してつねに忠実であることを忘れてはいけません。

二〇一三年四月一〇日　一般謁見

内省★過去において、どんな希望があなたを失望させたか。イエスにおける希望は、どう違っているだろうか。このような見方は、あなたの生き方をどのように変えることができるだろうか。

5月6日
すべてが変わった

信仰がわたしたちのうちに、いかに革命を起こすかお分かりですか。地動説を唱えたコペルニクス的と言えるような変わり方です。中心だと思っていたことからわたしたちを動かし、神を中心に据えました。信仰がわたしたちを神の愛のうちに沈め、わたしたちに安定と力と希望を与えました。外面的には何も変わっていませんが、存在の深いところで、すべてが変わりました。神とともにある平和、慰め、優しさ、勇気、晴朗、喜びなど聖霊のすべてのたまものが（ガラテヤ5・22参照）、わたしたちの心に宿り、それによってわたしたちの存在は変容されました。思考、行動のあり方が新たにされ、神ご自身、イエスご自身の考え方、行動方法がわたしたちのそれになりました。愛する友人のみなさん、信仰は革命的です。今日わたしはあなた方に質問します。あなた方はこの信仰による革命の波の中に入っていく用意がありますか？　この波の中に入っていくことによってだけ、あなた方の若い生命に意味が生まれ、実を結ぶことができるのです。

二〇一三年七月二五日　ワールド・ユースデイ　演説

内省★あなたは生活の中心に神を置いているだろうか。「信仰の革命的あり方」に心を開いているだろうか。もしあなたが神を中心に置いたら、神はあなたの生涯にどんな実をもたらされるだろうか。

5月7日
現代の神

イエスはもう過去の人ではなく、現在に生き、未来に向かって投影されています。イエスは永遠に神の〝今日〟であります。

二〇一三年三月三〇日　復活前夜祭の説教

内省★神とともに現代に生きるとは何を意味するのだろうか。今日、彼はどのように神を愛するようあなたに呼びかけておられるか。未来においても神に近くとどまるために、今日あなたは何をすることができるだろうか。

5月8日
わたしたちを抱擁しようとしておられる

神はわたしたちを愛されるから、忍耐強くあられる。そして愛する者は理解し、希望し、信頼を燃え上がらせることができる。彼は諦めない、彼は絆《きずな》を断ち切らない、彼は赦《ゆる》すことができる。

キリスト者として、生活の中で次のことを覚えておこう。神は、わたしたちが神から離れていても、つねにわたしたちを待っておられる。神は決してわたしたちから遠く離れず、もしわたしたちが彼のもとへ戻るならば、わたしたちを抱擁しようとしておられる。

二〇一三年四月七日　神の慈しみの主日の説教

内省★心の沈黙の中で、神があなたに非常に近くおられることを観想しなさい。神はどのようなあり方で、あなたが神のもとに帰ることを願っておられるだろうか。

5月9日
肉《ひと》となられて

イエスが病人を癒やされたとき、彼はただ癒《い》やす人だけではなかった。人びとを教えられたとき、たとえば山上の説教について考えてみると、彼は単なるカテキスタであっただけでなく、道徳も教えておられた。イエスがファリサイ派やサドカイ派の偽善をとがめたときも、ローマ人を追放しようとする革命家ではなかった。そうではなく、イエスが行われたこれらのこと、癒やし、教え、偽善に反対して語られたことなどは、イエスが行われた、より偉大なことのサインでしかありませんでした。彼は罪を赦しておられたのです。他のすべてのこと――癒やし、教え、咎《とが》め――は、世界の再創造という深い奇跡のサインでしかありませんでした。

このように和解は世界の再創造であり、イエスのもっとも深い意味でのミッションは罪びとであるわたしたちすべての救いであります。そしてイエスはそれを言葉や行動によるのではなく、道を歩きながら行われたのでもありません。いいえ！ 彼はそれをご自分の人性によって行われたのです。それは内面からわたしたちを癒やすために、わたしたちのひとり、肉《ひと》となられた真の神です。

二〇一三年七月四日 聖マルタの家での説教

内省★罪はわたしたちを傷ついたままにするが、イエスは罪の赦しによって、わたしたちの心を再生する力をもっておられる。彼は遠くからわたしたちを赦されるのではなく、離れているのではない。イエスは今あなたの近くにおられ、あなたが癒やされるために、近づくのを望んでおられる。あなたはそれにどう答えるだろうか。

5月10日
平和の道を歩むことは可能だろうか

平和の道を歩むことは可能だろうか、とわたしはこの時点で自問しています。悲しみと死の螺旋《らせん》階段から下りることができるでしょうか。もう一度平和の道を歩み、そこに生きることを学ぶことができるでしょうか。神の助けを求めながら、平和の元后、ローマの人びとの救いである方の母性的まなざしのもとで、わたしは「はい」と申します。そうです、それはすべての人にとって可能です！　今晩、世界のあらゆる隅々から、そうです、すべての人にとってそれは可能です、と叫ぶ声を聞きたいと思います。あるいはさらにすばらしく、もっとも弱い人からもっとも強い人まで、諸国民を治める為政者に至るまでが、そうです、そう望みます！　というのを聞きたいと思います。

キリスト者としてのわたしの信仰は、十字架に目を注ぐよう強く促します。善意の人びとがたった一瞬でもいい、十字架を仰ぎ見ることができれば、とわたしはどんなに望むことでしょう！　わたしたちは、そこに神の答えを見ることができます。すなわち、暴力は暴力によって答えられない、死は死の言語によって答えられない、と。

二〇一三年九月七日　平和の祈りの前夜

内省★十字架上のキリストの模範に照らされて、わたしたちの周囲にある暴力と悪に対して、どのように反応できるだろうか。

5月11日
聖母はすべてを知っておられる方

このことについて考えてください。わたしたちが自信過剰であるとき、より傷つきやすく、もっと弱くなります。つねに主とともに、主とともにありなさい！　そして「主とともに」ということは聖体、聖書、祈りとともにということを意味しますが、また家族とともに、母とともにということも意味します。それは母なるマリアがわたしたちを主のもとへ導くからであり、マリアは母であり、すべてを知っておられるのは母であるマリアですから。

二〇一三年五月一八日　聖霊降臨の前夜祭　演説

内省★あなた自身が母から受けたもの、あるいは、あなたの世話をしてくださった他の人から受けたものを感謝する時間をとりなさい。このことはあなたをどのように謙虚にするか。この謙虚はあなたの主との一致の更なる成長に、あなたをどのように開いてくれるだろうか。

5月12日
決して疲れない

わたしは大資産家、公的権威者、社会正義のために働くあらゆる善意の人びとにアピールしたいと思います。より強い連帯によって特徴づけられ、よりいっそう正義にかなった世界のために働くことに、決して疲れないでください。世界に根強くはびこる不平等に対して、誰も無関心でいることはできません！　すべての人がそれぞれの特殊な機会と責任に従って、これほど多くの社会不正義を終結させるために、個人的貢献をしなければなりません。

二〇一三年七月二五日　ワールド・ユースデイ　演説

内省★社会的不正義を克服するために、あなたはどんな機会と責任を個人的貢献としなければならないか。あなたの共同体と環境においてあなたは何をすることができるか。

5月13日
名前を呼ばれて

愛する兄弟姉妹のみなさん、神はわたしたち一人ひとりを、福音宣教と喜びに満ちた出会いの文化を推進するために、名指しで招いておられます。聖母マリアはわたしたちの模範であります。み母よ、わたしが道を踏みはずすようなとき、わたしを見守り、み手をもって導いてください。神に飢えているのに、神を宣べ伝える人のいない地域にいる多くの兄弟姉妹たちに出会うよう、わたしたちを駆り立ててください。

二〇一三年七月二七日　ワールド・ユースデイ　説教

内省★神は日々の生活において、あなたがミッショナリーとなるよう名指しで招いておられる。神は、あなたに与えられたたまものによって、どこで福音を宣言するよう招かれているのだろうか。

5月14日
素朴な人びと

使徒たちが素朴な人たちであったことを忘れないようにしましょう。彼らは律法学者でも書記官でもありませんでしたし、祭司階級にも属していませんでした。そのような限界をもちながら、権威者たちに対抗して、どのようにしてキリストの教えをエルサレムじゅうに広めることができたのだろうか（使徒言行録5・28参照）。復活されて彼らとともにおられた主の現存と聖霊の働きだけが、この事実を説明できることは明らかです。

二〇一三年四月一四日　正午の演説

内省★聖書と教会史をとおして、主はそのご計画のために、身分の低い者、目立たない者、罪びとを使われる。あなたが自由に、信頼をもって主に仕えることができるよう、弱点や限界を乗り超える助けを主に願いなさい。

5月15日
主は誰をも決して落胆させない

キリストの十字架は神の愛すべてを包含します。そこに計り知れない神の憐れみを見いだすのです。これこそわたしたちがすべての信頼をおき、信じることのできる愛であります。イエスに自分たちを委ねましょう。イエスに自分たちを引き渡しましょう（『信仰の光』16参照）。主は誰をも決して落胆させないからです！

十字架につけられて復活されたキリストにおいてだけ、救霊と救済を見いだすことができるのです。

二〇一三年七月二六日　ワールド・ユースデイ　十字架の道行きでの演説

内省★一瞬間、心の深いところで、イエスにあなたの生涯を委ねる時間をとりなさい。キリストよりも財力、人間関係あるいは権力などを考えていたときを思い起こしなさい。そのような誘惑を主に明け渡しなさい。

5月16日
ターミナル・ケアではない

キリスト者の生活は、天国へ行くまでの生活を静かに保つターミナル・ケアではありません。キリスト者の平和は安らかですが、無気力な冬眠ではなく、拍車をかけ始め、使徒的熱意の根源となります。キリストの愛はわたしたちをとりこにし、神がわたしたちを愛されると理解したとき味わう感動が、わたしたちに迫り、わたしたちを促します。

二〇一三年七月一五日　聖マルタの家での説教

内省★あなたに対する神の愛を思うとき、どんな感動が起こるだろうか。信仰を生活に生かし、あなたをより生き生きとした証しとするために、あなたの感動はどんな役割を果たしているだろうか。もし、あなたが神の愛を少ししか感じていなかったり、あるいはそれが重荷であったり疲れたりしているなら、あなたを慰めてくださるよう神に願いなさい。

5月17日

全面的な心の準備

わたしたちは聖霊の働きにもっともっと心を開き、すべての人びと、特に貧しい人、ホームレス、そして教会からの離脱者に対する神の慈しみ、その優しさと愛を示す道具となるために、全面的な心の準備をささげるよう呼ばれています。

二〇一三年五月一七日　演説

内省★聖霊の働きにいっそう心を開くということは、あなたにとって何を意味するだろうか。「全面的に心を開く」ことを、あなたはどのように実践するのか。あなたが神の慈しみを理解し、それを他の人びとに分かち合うのを助けてくださるようイエスに願いなさい。

5月18日
神のみ業《わざ》に信頼する

　わたしたちがぶどうの幹につながる枝として神と一致しているなら、神との友情を失わないなら、生活の中にさらなる場所を神のためにつくるなら、困難も試練も誤解も恐れることはありません。自分の貧しさ、弱さ、罪深さを感じているときには、特にそうです。神がわたしたちの弱さには力を、貧しさには豊かさを、罪深さには回心と赦しを与えてくださるからです。
　主は憐れみにおいてそれほど豊かなので、わたしたちが主のもとに行くときは、いつでも赦してくださいます。神のみ業に信頼しましょう！

二〇一三年四月二八日　堅信式ミサでの説教

内省★あなたが最後に直面した試練や困難のことを思い出しなさい。次にそのような事態が起こったら、イエスにいっそう強く一致するために、あなたはどうするだろうか。

5月19日
一時的文化

ひとりの神学生、しかもとてもよい神学生が次のように言うのを聞きました。彼は十年間キリストに奉仕したいと思うが、その後で異なった生活を考えたい、と。これは危険なことです！　しかし、注意深く聴きましょう。わたしたちはみな、高齢者の間でも、「一時的文化」のプレッシャーのもとにあります。そしてこれが危険なのです。人は一生のためにただ一度賭《か》けをすることはできないからとか、愛が続く限り結婚するとか、わたしは修道女になるが、それはただ「しばらくのあいだ」とか「短期間」のことで、その後のことはまた見えてくるでしょうとか。わたしは司祭になるために神学生になりますが、その話がどのように終わるかわかりません、などなど。

イエスに対して、これは正しいことではありません。わたしは、あなた方を咎《とが》めているのではありません。わたしはすべての人に迫っていて、何の益ももたらさないこの一時的文化を咎めているのです。現代は、決定的決断をすることが非常に難しくなっているからです。

二〇一三年七月六日　神学生と志願者たちへの演説

内省★あなたの周囲の人びとの中で、どのようなところで「一時的文化」を見ているだろうか。あなた自身の中ではどうだろうか。どんな具体的あり方で、この態度はあなたのコミットメントを蝕《むしば》んでいるだろうか。

5月20日
聖体祭儀をどのように生きているか

聖体祭儀は、ともにイエスに従い、彼に対する信仰を生きるために、個人主義からわたしたちを引き出す交わりの秘跡です。ですから、わたしたちはみな、主のみ前で自問しなければなりません。わたしは聖体祭儀をどのように生きているだろうか、と。わたしはみなと関わりのない者として生きているだろうか、あるいは主と、そしてこの同じ聖餐《せいさん》を分かち合うすべての兄弟姉妹とともに、主との真の交わりの瞬間としてそれを生きているだろうか。

二〇一三年五月三〇日　説教

内省★教皇フランシスコのこの問いを黙想する時間をとりなさい。

5月21日
キリストの体そのもの

わたしたちは、静かにお茶をすすりながら、神学的事柄を話す教養高いこちこちのキリスト者になることはできません。いいえ、わたしたちは勇気あるキリスト者、キリストの体そのものである人びとを探しに行く者でなければなりません。彼らこそ、キリストの体です！

二〇一三年五月一八日　聖霊降臨の前晩　演説

内省★あなたは、いつこちこちのキリスト者として振る舞っていたか。いつ他の人びとを避けたり、彼らと距離を保ったりしただろうか。今週は人びとに出会い、あいさつし、彼らと話す時間をとりなさい。

5月22日
途方もない資本主義

わたしたちは改めて贈与、無償性、連帯の真の意味を取り戻す必要があります。途方もない資本主義は、あらゆる代価を払って利潤を得ること、何かを得るために与えること、人間を見ないで搾取する論理を教えました。そしてその結果を、今自分たちが体験している危機の中に見ています。

二〇一三年五月二一日　演説

内省★今週あなたは何の見返りも求めないで、どのように他の人を愛することができるだろうか。

5月23日
特にあなた方とわたし

すべてのキリスト者、特にあなた方とわたしは、平安と喜びを与える希望のメッセージの伝達者となるよう呼ばれています。それは、すべての人に対する神の慰めと優しさです。しかしそれは、もしわたしたちがまず神に慰められ、神に愛される喜びを体験していないなら、他の人びとにその喜びをもたらすことはできないのです。わたしたちのミッションが実りあるものとなるために大切なことは、神の慰めを感じること、そしてそれを他の人びとに伝えることです。

二〇一三年六月二九日　説教

内省★あなたは主の慰めを感じたことがあるだろうか。神に愛される喜びを再発見するのを助けるために、黙想会に行く計画をしなさい。

5月24日
さらに強くなる炎

あなた方はイエスに出会うというすばらしい体験を楽しむことができました。……しかしこの出会いの体験は、あなた自身の生活とか小教区の小さいグループ、あるいはあなたの活動や共同体の中にだけとどめておくべきではありません。それは強力に燃える炎から酸素を奪うようなものです。信仰とは、より多くの人と分かち合い、伝達されればされるほど強くなる炎であって、すべての人が、命と歴史の主であるイエス・キリストを知り、愛し、宣言するようになるためです。

二〇一三年七月二八日　ワールド・ユースデイ　閉会ミサでの説教

内省★あなたの信仰を他の人びとと分かち合うことのできた時を感謝しなさい。そのプロセスの中であなたの信仰はどのように強められただろうか。今週、誰と信仰を分かち合うことができるだろうか。

5月25日
新しい歌

神を称える詩編の最初の言葉は、「新しい歌を主に向かって歌え」（詩編96・1）と述べています。この新しい歌とは何でしょうか。それは言葉でもなく、メロディーでもなく、あなたの命の歌であり、わたしたちの命をイエスの命と一体化する歌であり、イエスのご心情、思い、行動を分かち合うことです。そして、イエスの命とは人びとのための命です。イエスの命は他の人びとのための命であり、仕える命であります。

二〇一三年七月二八日　ワールド・ユースデイ　閉会ミサでの説教

内省★あなたの命の歌とは何だろうか。あなたはそのメロディーを変える必要があるのではないか。

5月26日
主のお声はわたしの心を暖める

イエスはあるとき、彼の羊について「わたしの父がわたしにくださったものは……」（ヨハネ10・29）と言われましたが、これは非常に大切な深い神秘であり、理解することは生易しくはありません。もし、わたしがイエスに惹《ひ》かれていると感じたなら、もしイエスのお声がわたしの心を暖めるのなら、それは父なる神がわたしのうちに、愛と真理と命と美しさに対する望みの種を蒔《ま》いてくださったことについて感謝します。そしてイエスはこれらすべての充満なのです。

二〇一三年四月二一日　正午の演説

内省★あなた自身の主との旅路と、あなたのうちに種蒔《ま》かれた信仰を思い起こしなさい。この恵みを神に感謝する時間をとりなさい。これらのたまものを主の栄光のために、どのように使うことができるか神にたずねなさい。

5月27日
たまものとして生きる

イエスは、わたしたちにすばらしいことを言われました。「友のために自分の命を捨てること、これ以上に大きな愛はない」（ヨハネ15・13）。愛はつねに自分の命を与えるという道をとります。生涯をたまものとして、保存される宝物としてではなく、他の人に与えるべきたまものとして生きることです。イエスはこうしたあり方で、生涯を贈り物としてささげられました。ですから、もしわたしたちがイエスが望まれるように、生涯をたまものとして生きるなら、「あなた方が行って実を結ぶために、わたしはあなた方を選んだ」（ヨハネ15・16参照）というイエスのお望みを果たすことになります。

二〇一三年五月一四日　聖マルタの家での説教

内省★神は今日、どのような方法で他の人びとのためにあなたの命を与えることを望んでおられるだろうか。

5月28日
それはイエスか、あるいは悪魔だろうか

聖パウロも言うように、悪魔は度重ねて光の天使のように装ってやってくるのは、ほんとうです。彼は非常に巧みに、ちょうど荒れ野で断食をされた後でイエスに話したように、「あなたが神の子なら、神殿の屋根から跳び降りたらどうか、奇跡を行え」（マタイ4・6参照）と静かに語りかけます。わたしたちに光を与えてくださるイエスであるか、光の天使のように変装した悪魔であるかを認識するために、絶えず識別の知恵を主に願わなければなりません。

多くの人が光のうちに生活していると思っていますが、実は暗闇の中にいて、それに気付いていないのです。内面の光に素直であれば、わたしたちは穏やかな人間であり、心のうちに響くイエスの声を聞き、イエスの光の中で恐れずに十字架を見上げることができます。つねに見極めることが大切です。イエスがおられるところには、いつも柔和、謙遜、愛、そして十字架があります。

二〇一三年九月三日　聖マルタの家での説教

内省★最近、あなたはどんな決断をしたか。決定をするとき、どこに助けを求めるだろうか。教皇フランシスコの柔和、謙遜、愛、そして十字架の光の中で、あなたの選択肢を調べなさい。

5月29日

綱で結ばれたガイド

イエスのご昇天は、わたしたちの旅路にある、深い慰めに満ちた現実を伝えてくれます。すなわち、真の神であり人であるキリストが、わたしたちに道を開いてくださったことです。彼はちょうど登山のときに綱で結ばれたガイドのように、頂上に達するとわたしたちを彼のところまで引き上げ、神のもとへ導いてくださるのです。もしわたしたちの命を彼に託し、彼の導きに身を任せるなら、わたしたちの救い主、弁護者の安全なみ手のうちにあると確信できます。

二〇一三年四月一七日　一般謁見

内省★イエスはどのような方法で、あなたを彼の道と模範に従うよう招いておられるだろうか。あなたはどんな困難に遭遇したか。どんな人びとがこの道を行くあなたを助けることができるだろうか。

5月30日
死から蘇《よみがえ》った人びと

愛する兄弟姉妹のみなさん、わたしたちの抱いている希望について説明を求める人びとには、復活されたイエス・キリストを示そうではありませんか（Ⅰペトロ3・15参照）。み言葉を宣《の》べ伝えながら、復活されたキリストを示しましょう。しかし何にもまして、蘇った人としてのわたしたちの生き方をとおして、そうしましょう。神の子としてのわたしたちの喜びとキリストのうちに生きることの自由、悪と罪と死の隷属からの自由、真の自由を示そうではありませんか。

二〇一三年四月一〇日　一般謁見

内省★イエス・キリストが悪と罪からあなたを解放した具体的な時を思い起こしなさい。その自由を、あなたは今週どのように楽しみ続けることができるだろうか。

5月31日

彼女は待たなかった

聖母ご訪問の祝日

福音によれば、イエスの母になること、および親戚のエリサベトも子どもの誕生を期待していることを知った聖母マリアは、待つことなく急いで出かけました。彼女は「でも今わたしは懐妊《かいにん》しているのですから、健康に注意しなければならない。従姉は世話をしてくれる友だちに囲まれている」とは言いませんでした。そして聖母はつねにそのようにされます。わたしたちが何かを必要とするときにはいつでも、わたしたちのところへきてくださる母なのです。

二〇一三年五月二六日　説教

内省★助けを必要とするときは、マリアに祈りなさい。マリアの取り次ぎに信頼することを学びなさい。彼女は「急いで」あなたを助けに走ってこられるだろう！

6月

6月1日
わたしたち一人ひとりの近くに

愛する兄弟姉妹のみなさん、ご昇天はイエスの不在を示すのではなく、新しいあり方で彼がわたしたちの間に生きておられることを告げています。イエスはもはや、ご昇天前の状態で世界に現存されるのではありません。彼は今、神の権限においてあらゆる場と時に現存され、わたしたち一人ひとりの傍らにおられます。生涯を通してわたしたちは決して孤独ではありません。わたしたちを待ち受けるこの弁護者をもっているのです。

二〇一三年四月一七日　一般謁見

内省★イエスは日々、あなたがたの真ん中におられることを思い起こす方法は何だろうか。イエスの現存を想起することは、どのようにあなたの態度、決定、行動を変え得るだろうか。

6月2日
イエスのみ心

六月は伝統的に、神の愛の最高の人間的表現であるイエスのみ心にささげられています。実際、先週の金曜日に教会はイエスのみ心の祝日を祝い、この祝祭が六月全体の基調となっています。普通、信心はシンボルを大切にしますが、イエスのみ心は神の慈しみの最高のシンボルです。しかし、それは仮想のシンボルではありません。それは全人類のための救いが流れ出た源であり、その中心を表す真のシンボルなのです。

二〇一三年六月九日　正午の演説

内省★愛と慈しみにあふれる心、イエスのみ心の意味を黙想しなさい。あなたの心をイエスのみ心に変容してくださるよう、神に願いなさい。

6月3日

弁護士を探しなさい

誰かが裁判にかけられたり、法廷に立たされたりするとき、まずするべきことは、彼を弁護する法律家を探すことです。わたしたちには、つねに弁護してくださる方があります。彼は悪魔の罠《わな》からわたしたちを守り、わたしたち自身と罪からわたしたちを守ってくださいます。

二〇一三年四月一七日 一般謁見

内省★あなたが倒れるとき、神はつねにそこにおられます。神の助けを求め、赦しの秘跡にあずかって、神と出会いなさい。

6月4日

病に倒れてはいけない

危機的な現代の状況の中で多くの問題を前にして、寂しさ、失望、無力感の中に閉じこもり、自分たちのことだけにとらわれていてはなりません。どうぞ自分たちの中に閉じこもらないでください！　小教区だけにとどまっていて、そこにおいての友人、気の合う人びととだけの活動、それは危険です。そのような中で何が起こるか知っていますか。教会が閉ざされて孤立すると、悩む教会になり、病に陥ります。

教会は外へ出ていかなければなりません。どこへ出ていくべきでしょうか。存在の埒外《らちがい》へ向かってです。それがどんなことであろうと、教会は歩みを進めなければなりません。

二〇一三年五月一八日　聖霊降臨の前晩　演説

内省★教会が外へ出ていくのを、あなたはどのように助けることができるだろうか。それは、あなたの日々の生活にとって何を意味するか。あなたが安楽な地帯から出ていこうと決意したら、あなたは自分たちの存在以外にある人びとを批判しないで近づくことができるだろうか。

6月5日
ほんの少しの憐れみ

ほんの少しの憐れみでも、世界を暖め、少しであっても正義をもたらすことができる。わたしたちは神の慈しみを正しく理解する必要があります。神はこれほど忍耐強く、慈しみにあふれる父であります。

二〇一三年三月一七日　正午の演説

内省★神があなたに対してどれほど忍耐強くあられるかを考えなさい。あなたは誰に対して忍耐しなければならないだろうか。

6月6日
スキャンダルがニュースになる

もう一つ大切なポイントがあります。それは貧しい人びとと出会うことです。わたしたちが自分たちの外へ出れば、貧困に出会います。今日、ホームレスが寒さで亡くなったということがニュースではない、と聞くと心が痛みます。では、何がニュースなのでしょうか。スキャンダルです。スキャンダル？　ああ、それはニュースだ、といわれるのです。最近は非常に多くの子どもたちが食物に飢えている、ということはニュースではないのです。これは重大です、非常に重大なことです！　わたしたちは我慢できません！　でも、それが現実なのです。

二〇一三年五月一八日　聖霊降臨の前晩　演説

内省★貧しい人の必要に応えることは、あなたの優先課題の何番目にあるか。真に必要なことの優先順序を、あなたはどのように再考できるだろうか。助けを必要とする人びとに対するあなたの恐れを克服できるよう、神に助けを願いなさい。

6月7日
ファリサイ派にならないで

主はわたしたち自身が罪びとであると認めたとき、わたしたちのもとにこられます。しかし、もしわたしたちが神殿に上ったファリサイ派の人のように、神様、わたしはほかの人たちのようなものではなく、とりわけ戸口に立つ徴税人のようなものでないことを感謝します（ルカ18・11参照）と言うならば、主のみ心を知らないことになり、主の慈しみを体験する喜びを味わうことは決してできないでしょう！

二〇一三年三月一七日　説教

内省★神の最大のたまもの、その慈しみを絶対に忘れないように！　その慈しみに対する感謝をいっそう深め、あなたの傲慢を軽減していただくよう、神の助けを願いなさい。

6月8日
壁

今日次のことを自問してみましょう。「神の不意打ち」に心を開いているでしょうか？　あるいは聖霊の新しさの前で恐れに心を閉ざしているでしょうか？　神の新しさが準備した新しい道を進む勇気があるでしょうか？　あるいは新しいことに開かれる可能性を失ってしまった束の間のものでバリケードを作って抵抗するでしょうか？　一日をとおして自分たちにこのような問いかけをするのは非常に有益なことです。

二〇一三年五月一九日　聖霊降臨の主日　ミサの説教

内省★聖霊降臨の前、使徒たちは高間に籠もり、鍵をかけていた。しかし、聖霊を受けた後、彼らは出ていき、福音を広める勇気を受けた。聖霊を受けてよい知らせを分かち合うことから、あなたを遠ざけている壁は何なのだろうか。

6月9日

帆

過去の神学者たちは、魂は一種の帆船であって、聖霊は船を前進させる帆を満たす風であり、突風は霊のたまものであると言っていました。しかし、この船の主の意欲と潔さが不十分なので、前進できないのです。

二〇一三年五月一九日　聖霊降臨の主日　ミリの説教

内省★あなたの船の帆はあがっているか。あなたの船の船首はどの方向を目指しているか。あなたの生活の方向を再設定する時間をとり、あなたが主の望まれる方向に行くことができる恵みを願いなさい。

6月10日
神の慈しみの宣教者になりなさい

一人ひとりのキリスト者もそれぞれの共同体も、福音を生きるという点においては、すべての人、特に困難に直面する人びとに対する、神の愛を証しする宣教者であります。神の愛と優しさの宣教者であってください！　つねにわたしたちを赦し、つねに待っておられ、親しく愛してくださる神の慈しみのミッショナリーであってください！

二〇一三年五月五日　説教

内省★日常生活の中で、あなたはある特定の人びとに対してミッショナリーとなるよう呼ばれているのだろうか。彼らが、福音は彼らにとってよい知らせであるということを体験するために、あなたはどのように彼らを愛することができるだろうか。

6月11日
困難

イエス・キリストに従う場合、最初は勇気を必要とします。そしてこの勇気は神からきます。あなたが悪く解釈されたり侮辱されたりするとき、日常生活の困難や福音を宣教するときのあらゆる困難に立ち向かうためには、忍耐が必要です。

聖パウロがキリストの十字架の敵と表現する人びとによってもたらされる、すべての困難に耐えるために、あなたは使徒的スタミナを必要とします。十字架の敵たちはお世辞を言われること、他人から言ってもらいたいことを耳にすることを望んでいます。彼らは福音が陳《の》べることではなく、彼らの望むことを福音に言ってほしいのです。この理由のために聖パウロは、「わたしたちは相手にへつらったりしません」（Ⅰテサロニケ2・5参照）と言っているのです。

二〇〇六年八月四日　説教

内省★「あなたが直面した嵐《あらし》がどんなに大きかったか、神に述べてはならない。あなたの神がいかに偉大であるかを嵐に言いなさい」という格言を、あなたは聞いたことがあるだろうか。あなたが直面するどんなことよりも偉大な神は、あなたがチャレンジに立ち向かい、福音を宣教する忍耐を与えてくださるだろう。今もそして終日、主に助けを願いなさい。

6月12日
出会い

「外へ出ていく」ことに関して非常に大切なことは、出会いのための心の準備です。わたしにとってこの言葉はとても大切です。他の人びとと出会うこと。なぜでしょうか。それは信仰がイエスとの出会いだからであり、イエスがなさったこと、他の人びとと出会うことを、わたしたちもしなければならないからです。わたしたちは「出会いの文化」、友情の文化、兄弟姉妹を見いだす文化、異なった考え方をする人たち、信条の違う人たち、同じ信仰をもたない人たちとも話し合う文化を創り出さなければなりません。

二〇一三年五月一八日　聖霊降臨の前晩　説教

内省★他の人びとと真に出会うために、どのように彼らの生活、家族、活動、葛藤などに心を留めることができるだろうか。今週他の人びとと出会う時を二回捉えなさい。

6月13日

魅力と説得力

キリストの真理は魅力的であり、説得力があります、それは、キリストが人間の存在と全人類の救い主であることを確信して宣言し、人間生活の深い欲求に答えるからです。この宣言はキリスト教起源の時代と同様、現代においても不変であります。

二〇一三年三月一五日　演説

内省★あなたは、人間がイエス・キリストを必要としているということに確信をもっているだろうか。人びとが生活において、いかにキリストを必要としているかを過少評価してはいけない。わたしたちはみな、キリストのために創られたのだ。

6月14日
神は“スプレー”ではない

神は不明瞭なものではない、わたしたちの神は〝スプレー〟ではない、神は明確なものであり、抽象的なものではなく、名前をもっている、「神は愛である。」神はセンチメンタルな感情的愛ではなく、すべての命の源である御父の愛、十字架上で死に、復活された御子の愛、人類と世界を新たにする聖霊の愛であります。　二〇一三年五月二六日　正午の演説

内省★あなたにとって、神はもっと現実的であってほしいと思うのだろうか。聖体祭儀においてて神と出会いなさい。そこで神はあなたに現存される。そして十字架上でのイエスを黙想しなさい。そこで彼はあなたに対する愛の決定的サインを示されるだろう。

6月15日
わたしたちとともに歩まれる

聖三位一体は人間的理論の産物ではなく、神ご自身が啓示された本質であり、玉座の高みからではなく、人類とともに歩まれる神のみ顔であります。御父を啓示され、聖霊を約束されたのは、イエスご自身です。

神はイスラエル人の歴史において、人びととともに歩まれ、イエスはつねにわたしたちとともに歩まれ、聖霊を約束されました。聖霊は燃える火であり、わたしたちの知らないことをすべて教え、導き、よいアイディアとよいインスピレーションを与えてくださいます。

二〇一三年五月二六日　正午の演説

内省★父親たちも生涯をとおしてたびたびわたしたちとともに歩み、天におられる御父もこの世で、わたしたちとともに歩まれる。天の御父と会話する時間をとりなさい。御父があなたを導き、インスピレーションを与えてくださるよう願いなさい。

6月16日
石けんの泡

自分たちのことしか考えない安楽志向文化は、わたしたちを他の人びとの叫びに無感覚にさせ、見かけはどんなにきれいでも、実質のない石けんの泡の中で生きるかのようにさせます。泡は流れに乗って空虚な幻想を提供し、その結果他の人びとに対する無関心をもたらし、ひいては無関心を地球化にまで至らせます。この「地球化」された世界において、わたしたちはグローバルな無関心に陥ってしまったのです。

二〇一三年七月八日　説教

内省★あなたの周囲にいる人たちに対して、もっと敏感になる具体的方法は何だろうか。あなた自身の快適さを犠牲にしても、この新しい感受性を養い実践する決心をしなさい。

6月17日
左か右か

主の再来が表明されている中で、生者と死者すべての人間を裁くために主がこられる最後の審判について一言述べます（マタイ25・31～46）。福音記者が用いているのは、羊と山羊《やぎ》を分ける羊飼いのイメージです。彼は右側に神のみ旨を行った者、すなわち飢えた人、渇いた人、見知らぬ人、裸の人、病気の人、投獄された隣人を助けた者を置きます。他方左側には、隣人を助けなかった人を置きます。この話は、わたしたちがいかに隣人、特にもっとも弱い人、助けを必要とした人を愛したかを神が裁かれることを語っています。

二〇一三年四月二四日　一般謁見

内省★人生の最後に神の玉座の前に立っているあなたを想像しなさい。あなたは神の右にいるだろうか、左にいるだろうか。神と隣人を愛することにささげられた生涯を生きるために、神の慈しみと恵みに信頼しなさい。

6月18日
利己心の放棄

これはわたしたち一人ひとりにとって、また現代の教会にとっての教訓でもあります。もし、わたしたちが聖霊によって導かれ、主の愛とそのみ旨を行うために利己心を放棄するなら、平和を見いだし、平和の建設者となり、わたしたちの周りに平和を広げることができるでしょう。

二〇一三年六月三日　演説

内省★あなたはどのように「利己心を放棄する」ことができますか。今週この目標に向かって何かをささげるか、あるいは果たしなさい。

6月19日
リモ・コン

イエスは、自分たちのエゴに従い、神に向かって話さない利己的なキリスト者を望まれませんし、弱いキリスト者も望まれません。弱いキリスト者とは自分の意見をもたず、リモ・コンで操られる人たちで、独自性に欠け、つねに誰かの意思につながることを求める人たちであって、自由ではありません。イエスはわたしたちが自由であることを望まれます。

二〇一三年六月三〇日　正午の演説

内省★あなたのエゴの気まぐれではなく、より深く神に依存する祈りの生活をどのように強めることができるだろうか。もしあなたがときにはリモ・コンで操られたキリスト者であるならば、その理由を自問しなさい。あなたは独自性と自由のために創造されているのだから、もしそれを体験しようと努めるなら、何が起こるだろうか。

6月20日
寛大さとは何か

寛大さ、この徳には大と小があります。寛大であるとは何を意味するのでしょうか。それは広い心、優れた見解をもつことであり、神が求められることに応えるために、高邁《こうまい》な理想と偉大なことを行う望みをもつことです。

ですから、まさにこの理由のために、日常茶飯事とあらゆる日々の活動、仕事、人びととの会合などを、神と人びとに対して開かれた広い心で果たすことです。したがって、寛大さを目指して人間形成を促進することが大切です。

二〇一三年六月六日　イタリアとアルバニアのイエズス会学校の生徒たちへのメッセージ

内省★わたしたちの多くは広い心をもち、命に対する情熱に満たされていることを望んでいるが、現実が忍び込んでくる。もしあなたがスランプに陥っているならば、そこから抜け出すのを助けてくださるよう神に願いなさい。

6月21日

自由でなければならない

「主よ、こんなに苦しんでいるこの兄弟を見てください、この姉妹を見てください」と毎日の祈りの中でイエスに願いましょう。彼らは生と死の境界線にあって極限を体験しているのです。そして、その結果はわたしたちにも及びます。それはすべての人、あらゆる人に対する宗教的自由を促進するよう拍車をかけます。すべての人びとは、それがどんな宗教であっても、信仰宣言において自由でなければなりません。なぜでしょうか。それは男性であろうと女性であろうと、すべての人は神の子であるからです。

二〇一三年五月一八日　聖霊降臨の前晩　演説

内省★日々の祈りの中で、信仰を自由に実践できない人たちのために祈りなさい。世界じゅうで迫害されているキリスト者のために祈りなさい。また、あらゆる信条をもつ人たちのために祈りなさい。

6月22日

小さな殉教者たち

聖ジョン・フィッシャーと聖トマス・モアの祝日

福音を宣言するために、二つの徳、勇気と忍耐（苦しみに耐える力）が不可欠です。苦しんでいるキリスト者たちは「忍耐する」教会の中にいます。彼らは苦しんでいます、そして現代、教会の過去数世紀以上の殉教者たち、さらに多くの殉教者たちがいます！　兄弟姉妹のみなさん、彼らは苦しんでいます！　彼らは殉教に至るまで、信仰を保っているのです。しかし、殉教は決して敗北ではありません。それは、わたしたちがしなければならない証《あか》しの最高峰です。わたしたちはあれをささげ、これをしながら、小さな殉教者として殉教への道を歩んでいますが、まだその途上にあるのです。

二〇一三年五月一八日　聖霊降臨の前晩　演説

内省★殉教者たち、特に二十一世紀の殉教者たちから、あなたは何を学ぶことができるか。日々の生活の中であなたはどんな小さな殉教を苦しむことができるだろうか。

6月23日

待っておられる

わたしたちは神を探し求め、彼のもとへ行き、赦《ゆる》しを請わなければならないと言う。しかし、わたしたちが神のもとへ行くと、神はわたしたちより早くそこにいて、待っておられる！　スペイン語ではこのことを説明する*primerear*という非常によい表現があります。主はいつもわたしたちより先にそこに行かれ、わたしたちを待っておられるのです！

二〇一三年五月一八日　聖霊降臨の前晩　演説

内省★わたしたちはみな、神が何かをしてほしいと待っておられる状況を体験したことがある。神が先に行かれて道を整え、行動の過程を準備されたことを。神はあなたが誰かのところへ行くことを望まれるのだろうか。神はあなたにもっと長い時間祈ってほしいのだろうか。神はどこであなたを待っておられるのだろうか。

6月24日
あなたの命を真理にささげること
洗者聖ヨハネの誕生

真理のために命をささげた人のひとりは洗者聖ヨハネです。六月二十四日は彼の誕生を荘厳に祝う祝日です。彼はヘロデ王とヘロディアの不倫を糾弾し、真理のために命を落としました。何人の人が真理に献身するために尊い価を払ったことでしょう！　流れに逆らうことを恐れない気高い人びとです！　何人の誠実な人びとが、良心の声、真理の声を拒否しないために、時流に逆らうことを選んだことでしょう！　そして、わたしたちも恐れてはならないのです。

二〇一三年六月二三日　正午のスピーチ

内省★現代文化の中で真理のために立ち上がることは易しくない。あなたの仕事における決断、あるいは家族の中で、いかに真理のために立ち上がることができるだろうか。

6月25日
主のみ言葉を聴く

キリストとの友情を育てるもう一つの方法は、主のみ言葉に耳を傾けることです。主はわたしたちの良心の深いところで語られ、聖書をとおして、また祈りの中でも語られます。主のみ前で、沈黙のうちに聖書特に福音書を読んだり黙想したりして、毎日主の友情と愛を感じるように彼と対話することを学びなさい。

二〇一三年六月二一日　メッセージ

内省★生活の中で何か動きがあるとき、いつもイエスのお声を聞きたいと思う。そして、神はわたしたちに聞こえるように聖書のみ言葉を与えられる。これを始めるのによい箇所は、ヨハネによる福音書である。主との対話の出発点として、この福音を使いなさい。

6月26日
小さなことに選ばれたのではない

優れた理想、もっとも大事なことに自分を賭《か》けなさい。わたしたちキリスト者は、小さなことのために主によって選ばれたのではありません。最高の理念に向かって前進しなさい。

二〇一三年四月二八日　堅信式のミサの説教

内省★あなたはどんな理念のもとに生きているだろうか。神はあなたを前進させるために、どこで探しておられるだろうか。

6月27日
ドアが開かれた教会

すべての人に対して〝家庭〟（ホーム）としての教会の一面を伝達できているでしょうか。わたしたちは時折ドアが閉ざされた教会について語りますが、ここではドアが開かれた教会以上のこと、ずっと多くのことを話します！　わたしたちはともにこの〝ホーム〟を築き、教会を築き、〝家庭〟を創らなければなりません。ドアが閉じられた教会、あるいはドアが開かれた教会、するべきことは前進し、教会を築くのを助けることです。

チャレンジは社会的コミュニケーションおよび個人的接触をとおして、わたしたちの存在と旅路の中心である美しさ、信仰の美しさとキリストとの出会いの美しさを再発見することです。

二〇一三年九月二一日　演説

内省★ドアが開かれた教会から信仰の真理と美しさを分かち合うとは、何を意味するのだろうか。あなたの地域の教会をもっと家庭的にするために、神はどのようにあなたに語りかけておられるだろうか。

6月28日

まどろむキリスト者

神がわたしたちに願っておられることは、出会うために目覚めていることです。人と出会うために、美しい出会いのために、イエスとの出会いのために。イエスとの出会いとは、主の現存のサインを見ることができ、祈りと秘跡によって信仰を生き生きと保つこと、神のことを忘れないために居眠りをしないように注意することです。まどろむキリスト者の生活は悲しい生活であり、幸せな生活ではありません。キリスト者は、イエスの喜びにあふれて幸せでなければなりません。居眠りをしないようにしましょう！

二〇一三年四月二四日　一般謁見

内省★信仰生活のどの分野であなたは居眠りをしているだろうか。神があなたに示そうとしておられることに対して、どうしたらもっと注意深くなれるだろうか。

6月29日

二人の光栄ある証しびと

聖ペトロと聖パウロの祝日

愛する兄弟姉妹のみなさん、すべて愛であり、すべて恵みである神を信じることは、何という喜びでしょう！

これこそペトロとパウロがキリストから受け、教会に渡された信仰です。この二人の栄光ある証しびとのゆえに、主を賛美しましょう。そして彼らのように、キリストによって、キリストの慈しみによって、わたしたちの上にキリストの勝利が輝きますように！

二〇一三年六月二三日　正午のメッセージ

内省★聖ペトロも聖パウロも、ともに主に背を向けた人たちであった。ペトロは三回主を否んだし、パウロはキリスト者を投獄し、殺害した。しかし、それぞれは主の慈しみに出会って赦しを願い、主に従った。聖ペトロと聖パウロのどちらの生涯に、あなたは自分をよりいっそう結びつけるか。彼らに倣い、彼らがイエスに従ったように、神はあなたにどうのように呼びかけておられるだろうか。

6月30日
堅苦しいキリスト者

堅苦しいキリスト者はつねに礼服を着て、すべてを真剣に捉えなければならないと考えています。このような人たちは大勢います。彼らはキリスト者ではありません。彼らは偽装キリスト者です。彼らはイエスを知らず、主がどのような方であるか、岩が何を意味するかを知らず、キリスト者としての自由を全くもちません。彼らの生活の中に、聖霊のための場はありません。

二〇一三年六月二七日　聖マルタの家での説教

内省★あなたには喜びが欠けているだろうか。あなたには自由が欠けているだろうか。あなたは堅苦しいキリスト者だろうか。聖霊を身につけなさい、そうすれば、新しい機会があなたに開かれるでしょう。自分自身に依存しなければ、自由が与えられます。主に信頼することは喜びをもたらします。

7月

7月1日
あなた方はキリスト者ではない

わたしたちはみな、わたしたちのすべては敵をもっています。ある敵は弱く、ある敵は強い。また、たびたびわたしたちは他の人たちの敵になることもあります。そして彼らを愛さないのです。しかし、イエスは敵をも愛しなさいと言われました。イエスがあまりにも多くをわたしたちに求めておられるので、「それは修道院の中にいるシスターたち、限られたホーリーなシスターたちに任せておこう」と考えるのです。しかしイエスは、あなた方はそうしなければならない、でなければ、あなた方は徴税人や異教徒のようであって、キリスト者ではないと言われるのです。

二〇一三年六月一八日　聖マルタの家での説教

内省★あなたの敵とは誰か。彼らのために祈っているか。彼らを赦《ゆる》しているか。彼らを愛しているか。

7月2日
ご自分を低くされた

イエス・キリストはアイディアによって、あるいは理論的プログラムによってわたしたちを救われたのではありません。イエスはその御体をもって、御体の具体性をもってわたしたちを救われました。イエスはご自分を低くされて人となり、最期まで御体を保たれました。

二〇一三年六月一四日　聖マルタの家での説教

内省★キリスト教を何の要求もない理論的プログラムとすることは、信仰の狭い小道を歩むより易しいことだろう。他の人びとのために自分を低くすることによって、イエスの謙虚な模範を、あなたはどのように生きることができるだろうか。

7月3日

信じない

使徒聖トマスの祝日

「わたしたちは主を見た」と他の使徒たちがトマスに言ったとき、彼は信じませんでした。イエスが「わたしは三日目によみがえる」と予言し約束されたことは、彼にとっては十分ではありませんでした。彼は実際に見ることを望み、自分の手をイエスの釘跡とわき腹に入れたいと思っていました。これに対して、イエスはどのように反応されたでしょうか。忍耐をもってです。イエスは頑《かたく》なトマスの不信仰を見捨てられません。イエスは彼に一週間を与え、心の扉を閉ざさず、待っておられます。

二〇一三年四月七日　神の慈しみの祝日の説教

内省★あなたも、ときどきトマスのようではないだろうか。主はあなたにどのように反応されると思うか。

7月4日
自由の真の意味
独立記念日

ところで自由とは何を意味するのでしょうか。それは絶対に、あなたが望むことを何でもすることではありません。情欲に身を任せたり、識別もしないで一つの体験から次の体験に移るとか、毎日その日のファッションに従うことなどではありません。自由はあなたが好まないものを、すべて窓から投げ捨てることでもありません。それは自由ではありません！　自由とは、わたしたちが生涯を通して、いかによい決定をするかを知るために与えられているのです。

二〇一三年五月四日　演説

内省★自由とは何かから解放されることではなく、何かのために解放されることである。あなたは生涯のためによいことを選択する自由があるだろうか。あなた自身のためではなく、主のための生涯を生きる自由があるか。あなたの自由を束縛するのは何だろうか。

7月5日
いいえ、これはわたしのお金

以前、ローマへこなければならなかったとき、わたしはたびたびフランスの聖ルイ王教会を訪れましたが、それはカラヴァッジョの「聖マタイの召し出し」の絵を観賞するためでした。特にマタイに向けて示されたイエスの指、それはわたしです。わたしは彼と同じように、マタイと同じように感じます。わたしの心を打つのはマタイのジェスチャーです。「いいえ、わたしではありません。いいえ、このお金はわたしのものです」と言わんばかりに彼のお金に執着しています。ここです、それはわたしなのです。主がまなざしを向けられるのは、罪びとであるこのわたしなのです。そして教皇選出の受諾を問われたとき、わたしが言ったことは……、「わたしは罪びとです。しかし主イエス・キリストの限りない慈しみと忍耐に信頼し、償いの精神で受け入れます」、でした。

二〇一三年九月三〇日　雑誌『アメリカ』「教皇フランシスコとの会見」

内省★キリストは何をするようにあなたを呼ばれたか。罪びとであるという体験が、あなたの仕事に関して、主に対する謙虚と委託の精神をもつことを助けるだろうか。

7月6日
すべての人の奴隷

今日の第二朗読で聖パウロは「わたしは……すべての人の奴隷になりました。できるだけ多くの人を得るためです」（Ⅰコリント9・19）と言います。イエスを宣言するために、パウロは〝すべての人の奴隷〟になりました。福音宣教とは、神の愛に対する個人的証しをすることを意味します。それは利己主義を克服することであり、イエスがされたように、兄弟たちの足を洗うために、身を低くして奉仕することです。

二〇一三年七月二八日　ワールド・ユースデイ　閉会式ミサの説教

内省★イエスのために人びとを勝ち得ようとして、自分を奴隷にするということは、特にあなたにとって何を意味するのか。人びとに近づくために、神はあなたがどのように利己心を捨てることを求めておられるか。

7月7日

何か足りないと思う

非常に攻撃的な異文化の真っただ中で、自分たちの無力ゆえに、わたしたちの心は沈んでしまいます。わたしたちの信仰を保持しようと試行しながら少数派の態度をとっています。しかし、わたしたちは馬鹿ではありません、何かが欠けていることに気付きます。もしかしたら、わたしたちは自分たちだけですべてを解決しようとしているのではないか。それによって、あらゆる解決法を考える視野と責任感を失っているのではないだろうか。わたしたちは、自分たちだけではできないことを理解しているのです。

ここで一つの質問が浮かびます。主が働かれるように、日中、時間と場所を主にささげているでしょうか。あるいは、主が介入される余地がないほど、すべてを自分たちで忙しくやっているのでしょうか。

二〇〇七年七月二九日　司祭、修道者への書簡

内省★教皇のこの質問について黙想する時間をとりなさい。

7月8日
出世主義

司祭が虚栄心の道をたどると、出世主義の精神に陥り、教会にとって大きなダメージとなります。彼は高慢になり、高位権力者と見られることを好みます。そして、人びとはそれを好まないのです。わたしたちの困難と誘惑がお分かりでしょうか。ですから、わたしたちが謙虚で、穏やかで、人々に奉仕する者であるよう、あなた方は祈らなければなりません。

二〇一三年五月一五日　聖マルタの家での説教

内省★今週あなたの大好きな食べ物を犠牲にして、司祭、助祭、修道者、神学生のために祈りなさい。

7月9日
出ていくこと

あなた方の教区で声をあげてほしいと思います。出ていく騒音を立ててください。わたしは教会が外へ出ていくこと、教会が街に出ていくことを望みます。わたしたちはあらゆる世間的なこと、すべての動かないもの、すべての安楽なもの、教条主義にまつわるすべてのこと、わたしたちをわたしたちの中に閉鎖してしまうすべてのことに抵抗してほしいと思います。小教区、学校、施設は出ていくために創られたのです。

二〇一三年七月二五日　ワールド・ユースデイ　演説

内省★あなたは何らかの騒音を出しているだろうか。生活の中で安楽なものに抵抗するために、どんなことをしているか。自分のうちに閉鎖されることから解放するためにどんなステップをとっているだろうか。

7月10日
罪が見出しをつくる

メディアの世界では聖なることはニュースになりません。怒りと罪が見出しをつくるのです。この実態が正当な闘いになり得ますか。これに対して誰が闘い得ますか。わたしたちの誰が人間的手段だけでこの現状と戦うことを夢見ることができますか。気を付けてください。わたしたちの闘いは人間的力に反対するのではなく、闇の力に反対するのです(エフェソ6・12参照)。イエスに起こった(マタイ4・1〜11)と同じように、悪魔はわたしたちを誘惑し、方向転換を迫り、〝別の生き方〟を示して探し求めています。わたしたちはイエスが砂漠でされたように、神のみ言葉の中に避難所を見つけなければなりません。

祈り求めること、何の力ももたない謙虚で貧しい人の祈りに訴えなければなりません。謙虚な人は失うものが何もありません。事実、神は彼らにそのあり方を示しています(マタイ11・25・26参照)。自己充足に安住してはなりません。今は祈る時です。

二〇〇七年七月二九日　司祭、修道者への書簡

内省★悪魔が誘惑したり、方向転換をさせたりしようと動いていることを、あなたはほんとうに信じますか。もしそれがほんとうなら、あなたはどのようにそれと闘いますか。この誘惑に打ち勝ち、人びとに神の愛を広める力を祈りなさい。

7月11日
キリストが理解したように

聖霊はキリストが見られたように見ること、キリストが生活されたように生き、キリストが理解されたように理解することを、わたしたちに教えています。だからこそ、生ける水である聖霊はわたしたちの命を潤し、わたしたちが神の子として愛され、神の子として神を愛し、その恵みによってイエスのように、神の子として生きることができるのです。

二〇一三年五月八日　般謁見

内省★イエスがあなたの生活をご覧になるとき、あなたの闘いや希望をどのように見ておられると思うか。イエスはあなたが彼の目で見ることを望んでおられる。だからあなたが善を強め、弱点を直し、あなたの生活を福音に即したものとするために導いてくださるよう願いなさい。

7月12日
抽象的なことではなく

神は、信仰の旅路でわたしたちを助ける人を、近くに置いてくださいます。わたしたちは信仰を抽象的なことの中には見いだしません。違います！　それはいつも、イエスが誰であるか、わたしたちに信仰を伝え、最初の信仰宣言を助けた人です。

二〇一三年五月一八日　聖霊降臨の前夜　演説

内省★神との歩みを深める努力において、あなたを勇気づけるのはどんな人たちだろうか。今月、彼らといっしょになる時間をつくりなさい。

7月13日
ダンプカー文化

愛がないと、何と簡単に意識は鈍感になってしまうのでしょう！　この無感覚は、精神と生活の麻痺《まひ》状態を示します。生活を投げ出してしまい、さらに悪いことは、子どもたちや若い人たちの生活を麻薬やギャンブルやつまらない快楽、そして邪道につながる節度のない肉体的関心のような、魔術的・破壊的一時逃れに導きます。それらすべては自己陶酔と消費主義的メンタリティーに固められてしまうのです。

そして、このような自己陶酔と消費主義的メンタリティーにとっては、高齢者は使い捨ての存在に過ぎないのです。彼らは実存主義のダンプカーに投げ込まれてしまいます。この結果、愛の欠如はダンプカー文化を創ってしまいます。うまく行かなければ、投げ捨てるのです。

二〇一二年五月二五日　説教

内省★無視と自己中心があるところで、どのように人間の尊厳と愛の種を蒔《ま》くことができるだろうか。

7月14日
まずはけなし、あとで話し合う

最近はラジオやテレビをつけてまず聞くことは、最初はけなし、そのあとで話し合う傾向です。「最初に打つ者は二回目を打つ」ということを裏付ける態度でしょうか。しかしこれは愛の論理ではありません。愛を築くことは、熟練工のすぐれた作業であり、忍耐力のある人びと、説得し、傾聴し、一致をもたらすために最善を尽くす人びとの仕事です。

二〇〇八年九月六日　説教

内省★他人を批判することは易しい。どのように忍耐と赦しの習慣を養うことができるだろうか。あなたの生活の中で、今もっとも正しい「愛の論理」を必要としているのは誰だろうか。

7月15日

新しい道

福音宣教のテクニックはもちろん大切です。しかしもっとも完全なテクニックも、福音宣教の最高の力である聖霊の穏やかな動きに代わることはできません（『福音の喜び』75）。たとえそれが新しい道であっても、聖霊に導かれなければなりません。聖霊によってわたしたちは変容されなければならないのです。宣教におけるわたしたちの言葉は、つねに質素な生活、祈りの精神、すべての人、特に小さく貧しい人に対する愛徳、謙遜と自己放棄、聖なる生活を伴わなければなりません。

二〇一三年六月一三日　演説

内省★神はあなたの生活のどこを変えようとして見ておられるだろうか。神はあなたに新しい道を旅するように呼ばれているのだろうか。あなたはその呼びかけを喜んで聞けるだろうか。

7月16日

国境はない、境界線はない

イエスはわたしたちをどこへ送られるのか。国境も境界線もなく、イエスはわたしたちをすべての人のところへ送られます。福音は特定の人のためではなく、すべての人のためです。福音は、わたしたちにより近しい人、受け入れやすい人、歓迎してくれる人のためのものではありません。

生活のあらゆる分野に、社会の周辺に、もっとも遠く、もっとも無関心と思われる人びとのもとにも、出ていってキリストをもたらすことを恐れないでください。主はすべての人を求めておられます、主はあらゆる人に主の慈しみと愛の暖かさを感じてほしいと望んでおられます。

二〇一三年七月二八日　ワールド・ユースデイ　閉会ミサの説教

内省★すべての人と福音を分かち合うことに懸命になっている小教区の教会は、どのように見えるだろうか。あなたは自分の小教区がそのようになるのを助けることができるだろうか。

7月17日
わたしたちを愛し、救われ、赦された

使徒パウロは、わたしたちの先人たちへの書簡の一節を次の言葉で結んでいます。「あなたがたは律法の下《もと》ではなく、恵みの下にいるのです。」（ローマ6・14）恵みのもとに歩んでいること、これがわたしたちの生活です。なぜなら主はわたしたちを愛し、救い、赦《ゆる》されたからです。主はあらゆることを行われ、それは恵みであり、神の恩恵です。わたしたちは神の恵みのもとに道を歩んでいるのであり、神はわたしたちを救われたイエス・キリストにおいてわたしたちを救いにこられたのです。

二〇一三年六月一七日　演説

内省★神の恵みは初めから終わりまで、神とともにあるわたしたちの旅路を覆っています。最初にあなたを愛された神に感謝しなさい。そしてあなたの生活に、さらに深く恵みを受け入れる開かれた心を願いなさい。

7月18日

魂なしで、どのように福音宣言ができるか

新しい福音化、福音化を目指す教会は、高間での使徒たちのように、つねに聖霊の火を求める祈りと嘆願によってその活動を始めなければなりません。神との忠実で熱心な関係だけが、わたしたちを冷淡さから脱出させ、勇気をもって福音を宣言することを可能にするからです。祈りがなければわたしたちの活動はむなしく、福音宣言に魂が入りません。そこには聖霊によるインスピレーションがないからです。　二〇一三年五月二二日　一般謁見

内省★あなたは毎日祈りを優先課題としているだろうか。夫婦がお互いに話し合うことなく何日も過ごすことは健康的だろうか。祈りのうちに意義深い時をとおして、日々神との関係を燃え立たせなさい。

7月19日
若者自身の目標の建設者

よく聴いてください！　若者たちは将来の世界を示す窓です。彼らは窓であって、驚くほどのチャレンジを示しています。わたしたちの世代が、どのように彼らにスペースを与えるかが分かれば、個々の若者の中に見られる希望を立ち上げる方法を示すことができるでしょう。

このことは、わたしたちが彼らの全面的成長のために、物質的・精神的条件を創りあげる必要を意味します。それは彼らの生活を支える堅固な基盤を与え、可能な限りの安定と教育を確保し、人生を、生きる価値のあるものとする永遠の意味を伝え、真の幸福と善に向かう創造性に対する渇きを癒《い》やす永遠の地平線を与えることです。それは人間の命にふさわしい遺産を与えることになり、すべての人の未来に対する責任を分かち合いながら、彼ら自身の目標の建設者として、最高の可能性を彼らのうちに目覚めさせることです。

二〇一三年七月二二日　演説

内省★若者が彼らの可能性を見いだすのを助けるために、あなたは何ができるだろうか。どんなたまものとスキルをあなたは彼らと分かち合うことができるか。あなたの小教区あるいは地域の学校で、若者と関係し、彼らを励ます機会があるだろうか。

7月20日
わたしの家を再建する

わたしはアシジの聖フランシスコの話を思い出しています。彼は十字架の前で、イエスが「フランシスコ、行って、わたしの家を建て直しなさい」と言われるのを聞きました。若いフランシスコは主の家を建て直すという神の招きに、直ちに寛大に応えます。しかし、どの家でしょうか？　次第に、しかし確実に、フランシスコはそれが石の建物の修復ではなく、教会の生命のために自分の役割を果たすことだと理解します。それは教会で奉仕すること、教会を愛し、教会におけるキリストのみ顔を、さらに輝かしいものにするために働くことだったのです。

二〇一三年七月二七日　ワールド・ユースディ　徹夜の祈り　演説

内省★アシジの聖フランシスコが、最終的に神の召命に自分の生涯を賭《か》けようと理解するのには、何年もかかった。もしあなたが、何をなすべきか、どこへ行くべきかを確認できずに、主からの暗示を待っているならば、主のご計画が明らかになるまで、あなたが置かれた場で、全力を尽くして働きなさい。

7月21日
種蒔く人

イエスが話された、畑に種を蒔きに出ていく種蒔く人の譬《たと》えを、わたしたちはみな知っています。ある種は道端に落ち、ある種は石だらけの土地に、ある種は茨《いばら》の間に落ちたので、成長することはできなかったが、他の種はよい土地に落ちたので、多くの実を結びました（マタイ13・1〜9参照）。イエスご自身はこの譬え話を次のように説明しています。すなわち、種はわたしたちの心に蒔かれた神のみ言葉である（マタイ13・18〜23参照）と。

今日……毎日、しかし今日は特別なあり方でイエスは種を蒔かれます。わたしたちが神のみ言葉を受け入れるなら、わたしたちは信仰の畑になるのです。どうかキリストとそのみ言葉をあなたの生活に招き入れ、神のみ言葉の種を蒔いていただき、それが成長し花開きますように！

二〇一三年七月二七日　ワールド・ユースデイ　演説

内省★あなたはどんな土地だろうか。あなたのどこに石だらけや茨の土地があるのか。あなたの生活のどこに、神のみ言葉が入る必要があるだろうか。

7月22日
石、茨、雑草をご覧ください

あなた方がパートタイムのキリスト者、堅苦しく無関心なキリスト者、〝見かけだけの〟キリスト者ではなく、よい土地、真のキリスト者、本物のキリスト者でありたいと願っていることを、わたしは知っています。あなた方が間違った自由にだまされたり、つねに一時的なファッションや流行に振り回されたりしたくないことも知っています。あなた方が意義深い永続的決定を、高い目標としていることも知っています。

沈黙のうちに、イエスに申しあげましょう。イエスよ、わたしがもっている石や茨や雑草をご覧ください。でも、種がわたしの心に根をおろすように、おささげするこの小さな土地もご覧ください。沈黙のうちに、イエスの種がわたしたちの心のうちに入るように願いましょう。

二〇一三年七月二七日　ワールド・ユースデイ　徹夜の祈り　演説

内省★教皇フランシスコの言葉を思い巡らそう。そして教皇が勧めるように、イエスの種があなたの心に入るように、沈黙のうちに祈ろう。

7月23日

体としての教会

教会は福祉・文化・政治的アソシエーションではなく、歴史をとおして歩み、活動する生きた体です。そして、この体には頭《かしら》として、導き、養い、支援するイエスがおられます。わたしが強調したいのは次の点です。すなわち、もし人がこの頭を体から引き離すならば、その人全体は生き続けることができません。これが教会であります。ですから、わたしたちはますます深くイエスにつながっていなければなりません。

しかし、それだけではありません。生存するために血液が体内に流れるように、イエスがわたしたちのうちに働くために、そのみ言葉がわたしたちを導き、聖体におけるイエスの現存がわたしたちを養って命を与え、イエスの愛が隣人に対するわたしたちの愛を強めなければなりません。そしてこれが永遠に！　世々にいたるまで！

二〇一三年六月一九日　一般謁見

内省★あなたは教会につながっているだろうか。キリストの体に一致しているだろうか。今週、毎日のミサに行く時間を見つけ、さらに深く教会につながるようにしなさい。

7月24日
慈しみ…適切な療法

愛は差別も相対化もしません、愛は慈しみ深いからです。そして慈しみは、さらに密接な近さを創ります。慈しみは助けることを切に望むので、罪を裁く真理を求めますが、それは適切な療法を見いだす目的をもってそうするのです。

この愛は個人的でもあり、共同体的でもあります。病人を援助するのには時間がかかるように、この動きはゆっくりしたペースですべての人を差別なく歓迎する機構を創りあげますが、これも時間がかかるプロセスです。

二〇一一年八月二五日　ブエノスアイレスでの都市奉仕職第一回地域大会

内省★わたしたちはなぜ簡単に他人を批判するのだろうか。人びとを早急に区別し、彼らと関係するか否かを決定する。神は、あなたがどの点でもっと喜んで迎えるように招いておられるだろうか。このことについて、あなたはどの点で欠けていただろうか。

7月25日

福音の証《あか》し

わたしたちはみな福音を宣言し、それを証ししなければなりません。自分の信仰をとおして、どのようにキリストを証しするかを自問する必要があります。ペトロや他の使徒たちのように、神に従順なキリスト者として考え、選び、生きる勇気をもっているでしょうか。

二〇一三年四月一四日　説教

内省★数分間、教皇フランシスコの質問について考えなさい。信仰をとおして、あなたはどのようにキリストを証ししますか。

7月26日
彼らを訪問しますか

マリアはわたしたちの生活の同伴をし続けます。わたしはマリアのように堅実でしょうか。あなたのご両親はお元気ですか。あなたの祖父母はお元気ですか。義兄弟姉妹はいかがですか。彼らを訪ねていますか。彼らのことを心にかけていますか。彼らを訪問しますか。ときにはとてもつらいことですが、健康や家庭状況の理由で、彼らを介護施設に送らざるを得ないこともあります。しかし、そのような状況であっても、土曜・日曜日に彼らとともにいるように心掛けているでしょうか。衰えていく命を大切にすれば、そのことがあなたに命を与えます。

二〇一一年三月二五日　神のお告げの祝日　説教

内省★家族のメンバーとともにいる時間をとっていますか？　遠くにいる場合には、電話をかけたりメールを送ったりして、彼らに対する愛を示すことを優先課題にしていますか？

7月27日

神学的洗脳

最近、知性を操作する霊的な形の「悪用」が教会内で大きな誘惑となって存在しています。それは、生きておられる神人キリストとの出会いではなく、最終的に表面的なキリストに導く神学的洗脳です。真の出会いにおいては、人としてのキリストがおられます。そこには操作しようと望む霊的エンジニアの場所はありません。

人をキリストに導くこと、これがチャレンジです。しかし、これはわたしたち自身がコミュニケーションの方便となることです。真の問題は、たとえ最新の技術が効果的な存在であるとしても、それを手に入れることではない、と完全に意識して行うことです。わたしたちが信じている神、すべての人をこよなく愛する神は、それが貧しくても、わたしたちが入手できる手段をとおして、ご自分を啓示することを望まれます。働かれ、変容され、わたしたちを救われるのは神だからです。

二〇一三年九月二一日　演説

内省★技術的でない、主との真の意義深い出会いを、あなたはどのように行っているか。あなたの希望、弱点、失敗、怖れなどを主に話しなさい。人としてのキリストとのこの出会いの実りを、他の人との会話に生かしなさい。

7月28日
物質的なものか、イエスか

今日はわたしたち全員が次の点を真剣に考えることを提案したいと思います。わたしたちは誰に信頼をおいているのでしょうか、自分たちにでしょうか、物質的なものにでしょうか、あるいはイエスにでしょうか。わたしたちは、たびたび自分たちを中心において自らを宇宙の中心軸だと思い込み、自分たちだけで生活を造りあげている、財産・金力・権力を土台としない限り、幸せではないと信じています。しかし、そうではないということを、わたしたちはみな知っています。

確かに、財産、金力、権力が一時的スリル、幸せの幻想を与えるでしょう、しかし、それらはわたしたちを虜《とりこ》にし、つねにさらに所有することを望ませるだけで終わってしまい、決して満足させません。〝お腹《なか》一杯〟と言いながら栄養はとれていない状態、若い人たちがこうした状態で、弱いのを見るのは非常に悲しいことです。若い人たちは他のもので満足するのではなく、信仰によって養われ、強くならなければなりません。あなた方の生活において「キリストを身につけなさい」、キリストに信頼をおけば決して失望することはありません。

二〇一三年七月二五日　ワールド・ユースデイ　演説

内省★あなたを満たすものは何か。他のものではなく、神によってだけ満たされるべきどんな望みをあなたはもっているか。心の静寂の中で、神にだけ信頼をおく時間をとりなさい。

7月29日

世俗的精神

しかしながら、キリスト者を悩ませる一つの問題があります。世間の傾向、世俗的精神、霊的世間性です。これはイエスの精神よりもむしろ世間の精神によって生きること、および自己充足へと導きます。

二〇一三年五月一八日　聖霊降臨の前晩　演説

内省★どこで世俗的精神をイエスの精神におき換えることができるか考えなさい。友人関係だろうか、接するメディアだろうか、あなたの態度だろうか。今週イエスの精神で生きる具体的努力をしなさい。

7月30日
真の子どもたちとして振る舞う

神の子としての父子関係は、生活の片隅に隠しておく宝のようなものではありません。毎日、神のみ言葉を聴き、祈りと秘跡、特に赦しの秘跡と聖体祭儀によって、愛をもって養われなければなりません。

わたしたちは子として生きることができます。これがわたしたちの尊厳、子としての尊厳であり、真の子として振る舞わなければなりません！　それはわたしたちがキリストによって変容され、キリストに一致することを意味します。それはまた、わたしたちの限界と弱さを見ながらも、キリストに従うよう努力し、キリスト者として生きる決意を意味します。

二〇一三年四月一〇日　一般謁見

内省★あなたの信仰をそれを養うことによって強めなさい。どの面であなたは弱いのだろうか。今月は毎日、その面を矯正し、強める方法を見つけなさい。

7月31日

困難な瞬間

ロヨラの聖イグナチオの祝日

「司祭となりイエズス会士となる決断の困難について」、ご存じのとおり、決断をするのはつねに易しいことではありません。つねにそうです。わたしにとってそれは非常に難しく、易しさからかけ離れていました。美しい瞬間もあり、イエスが助けてくださり、喜びも少しくださるときもあります。そうであっても、あなたが独りであり、内的喜びが全くなく、渇ききっているときには、困難な瞬間があります。内的暗闇の雲がかかった時があり、困難な時があります。

しかしイエスに従い、イエスの足跡に沿って歩むことはほんとうに美しいので、その時にあなた方はバランスを見つけ、前進することができます。そうしていると、さらにすばらしい瞬間がやってきます。しかし、生涯において困難な時がないなどと、誰も決して思ってはなりません。

二〇一三年六月六日　イタリアとアルバニアのイエズス会系学校の学生に　演説

内省★主とともにあなたがした主な決断について回想しなさい。困難はどこにあっただろうか。何が美しかっただろうか。過去について神に感謝し、将来に向かってイエスとともに歩むとき、それらの瞬間を思い起こしなさい。

8月

8月1日

伝播《でんぱ》する喜び

主の呼びかけに答えたという喜び、主の愛の選択に応えたという喜び、教会への奉仕において福音を証《あか》しする喜びを示すことを恐れてはなりません。真の喜びは伝播し、影響を及ぼしていきます。それは前へ推し進めます。

二〇一三年七月六日　サマリア人会会員と修練者たちへ　演説

内省★伝染力のある喜びをもっているのは誰だと思うか。彼らと語り合い、どのようにそうなったかをたずねなさい。あなたは主の喜びにどのように成長できるだろうか。

8月2日
身をささげて

そしてわたしは、あなた方特に若い人たちに話したいと思います。あなた方の毎日の義務、勉学、仕事、友だち関係、他の人への援助などに自分をささげなさい。あなた方の将来は、こうした生活の貴重な年月にかかっています。身をささげることや犠牲を恐れてはいけません。恐れをもって将来を見ないでください。希望を生き生きと保ちなさい。地平線にはいつも光があります。

二〇一三年五月一日　一般謁見

内省★あなたは何に身をささげることを恐れているのか。責任を取ることに対して、今日一歩を踏み出すことができるだろうか。

8月3日
喜びのワイン

先ほど読まれた福音に出てくる新しいワインのように、神はいつもわたしたちを驚かせます。神は、つねに最上のものをわたしたちのためにとっておかれます。しかし、神はその愛でわたしたちを驚かせ、わたしたちがその驚きを受け入れるよう望んでおられます。神に信頼しましょう！　神から切り離されたら、喜びのワイン、希望のワインは変質してしまいます。わたしたちが神の近くにあり、神とともにとどまるならば、冷たい水、困難、罪のように見えたものが、神との親しさの新しいワインに変えられるのです。

二〇一三年七月二四日　ワールド・ユースデイ　説教

内省★ヨハネ福音書のカナでの婚宴（2・1～11）を読み、教皇の言葉とともに祈りの中で黙想しなさい。神はあなたになんと言われるだろうか。

8月4日
平和は貴重なたまもの

愛する兄弟姉妹のみなさん、今日、世界じゅうから、あらゆる民族から、一人ひとりの心から、全人類の大家族から湧き上がる叫びに、わたしの声を合わせたいと思います。それは平和を求める叫びです！　それは力強く、次のことを宣言する叫びです。すなわち、わたしたちは平和な世界を望む。わたしたちは平和な男性・女性でありたい。そして分裂と闘争で引き裂かれた社会に平和が訪れますように！

ふたたび戦争をしない！　以後決して戦争をしない！　平和は貴重なたまものであり、推進され、守られなければならない。

二〇一三年九月一日　正午の演説

内省★あなた自身の生活を調べてみてください。あなたは平和の人だろうか。誰かと意見が合わないとき、あなたは対話の機会を探すだろうか。家族、共同体、世界の中で、あなたはどのように平和を推進できるだろうか。

8月5日
わたしの弟子になりたいと思うか

この海と浜辺と、ここに集まっているみなさんを眺めながら、わたしはティベリア湖の岸辺で、イエスが彼に従うよう最初の弟子を呼ばれたときのことを思い出しています。今日、キリストはわたしたち一人ひとりに、わたしの弟子になりたいか、わたしの友になりたいか、わたしの福音の証し人になりたいか、とたずねておられます。

二〇一三年七月二五日　ワールド・ユースデイ　演説

内省★教皇の三つの質問について考えなさい。過去において、あなたはこれらの質問にどのように答えただろうか。今後どのようにそれらを生きたいと思うか。

8月6日
聖霊はわたしたちの邪魔をする
主の変容の祝日

聖霊はわたしたちの邪魔をします。聖霊はわたしたちを動かし、旅をさせ、教会を前進させるからです。そして、わたしたちはご変容のときのペトロのように、「主よ、わたしたちがみな一緒にここにいるのはよいことです！」と言うでしょう。それは自分たちに不便が起こらない限り、よいのです。

わたしたちは聖霊にまどろんでほしいのです。聖霊を静めたいのです。ところが、それはまさに反対です。というのは、聖霊が神であり、通り過ぎる風であり、あなた方はそれがどこからくるのか知らないからです。聖霊は神であり、前進し続けるために慰めと力を与える方だからです。前進すること！　これがめんどうなのです。便利なほうが好まれるのです。

二〇一三年四月一六日　聖マルタの家での説教

内省★聖霊はあなたにどんな迷惑なことを求めておられるか。聖霊が語ることを、あなたはどのように抑えようとしているか。より大きな自由の中で、あなたはどのように応えることができるだろうか。

8月7日
現実的意味と充実

食事を用意して塩が必要だと思えば、塩を「加え」ます。油が必要なときには、油を「加え」ます。「加える」というときは何かの上に加えたり注いだりします。生活においても同様です。もしわたしたちが現実的意味と充実感を、思いどおりに、当然の権利として望むなら、みなさん一人ひとりに「信仰を加えなさい」と申します。そうすれば、生活は新しい味わいを加え、生活は道を示すコンパスを得ることになるでしょう。「希望を加えなさい」そうすれば、あなたの日々は光を得て、地平線は暗いどころか、明るい光に満たされるでしょう。「愛を加えなさい」そうすれば、あなたの生活は岩の上に建てられた家のようになり、あなたの旅は喜びに満たされるでしょう。そうすれば、あなたとともに旅をする多くの友人に出会うでしょうから。

二〇一三年七月二五日　ワールド・ユースデイ　演説

内省★教皇は信仰、希望、愛を表明された。今この時点で、あなたはこれらの徳のうち、どれをもっとも必要としているか。今日、どの徳を「加える」必要があるだろうか。

8月8日
あなたのメンタリティーは？

「神は必要ではない、神はあなたにとって重要ではない」などとそそのかすメンタリティーに導かれないように、信仰による勇気をもたなければなりません。まさに正反対です。わたしたちの欠点や罪に失望せず、神に愛されていることを感じながら、神の子として振る舞うことによってのみ、わたしたちの生活は新たにされ、平静と喜びの生気に満たされます。神はわたしたちの力です！　神はわたしたちの希望です！

二〇一三年四月一〇日　一般謁見

内省★現代文化はしばしば、神は必要ではない、神は重要ではない、と語ります。日常茶飯事のレベルで、あなたの生活において神が重要であることを、どのように自覚することができますか。

8月9日
評価の基準

わたしたちを真理に導くために、教会の生活とわたしたち自身の生活において、聖霊はどのように活動されていますか。すべてに超えて、聖霊は信者の心にイエスが語られたみ言葉を、そしてそのみ言葉をとおして神の掟《おきて》を想い起こさせ、刻みつけます。それは旧約の預言者たちが語ったように、わたしたちの心に深く刻まれ、決定についての評価の基準、日々の活動のガイドになります。それは生きる原則となっています。

二〇一三年五月一五日　一般謁見

内省★あなたはするべき決定を抱えているか、あるいはカトリック教会の教えについて考慮中か。あなたが直面する問題について、カトリック教会の「カテキズム」を読みなさい。もし手元にないならば、ウェブサイトで見てください。教会の知恵に信頼すること。

8月10日
もっとも大切なことは何か

もっとも大切なことは何ですか。イエスです。自分たちの計画、その他のこと、美しいことを、イエスなしで推し進めようとするならば、全く前進しません。うまく行かないのです。イエスはそれら以上に大切です。

二〇一三年五月一八日　聖霊降臨祭の前晩　演説

内省★あなたにとって、もっとも大切なことは何か。今日あなたの決定、活動、言語すべてにおいて、イエスを故意に特別なあり方で中心にしなさい。

8月11日
現実に無関心

現代の愛は、将来の世代に単純な解決法を遺すのではなく、短期的視野を越えた関心を寄せるよう招いています。それはわたしたちが、失敗や間違いに遭うと、頭を砂の中に埋めるダチョウのようにではなく、現実に無関心にならないで前進するように招いているのです。

現代の愛は、わたしたちの弱さそのものの中にこそ、生活を再建し、相互に和解し合って成長するために必要な、すべての可能性があることを受け入れるよう招いています。

二〇一二年五月二五日　説教

内省★あなたが直面しなければならない失敗や間違いは何だろうか。神はどこであなたが成長することを望んでおられるだろうか。

8月12日
主役

ある時点で、イエスがわたしたちをじっと見ておられることを感じます。イエスはつねに、わたしたちがここにいることを知っておられることを感じさせ、より深い出会いを約束されます。そこでは、イエスとの友情において、わたしたちが主役になるのです。

二〇一一年八月七日　説教

内省★生涯の物語の中で、あなたは自分を主役にするだろうか。スターのような役割を演じるだろうか。あなた自身を主役としたならば、その展望はあなたの生活をどのように変えるだろうか。

8月13日
文化的安楽

ご覧なさい。現代の世界文明は限度を越えてしまいました。それはお金の力を一種の神にしたので、限界を超えてしまったのです。そのため、わたしたちは期待に満ちた人間生命の両極端を排除し、哲学と実践をもって人生に向き合っているのです。それは明らかに高齢者を疎外しています。そこには隠された一種の安楽死があることをお分かりでしょう。すなわち高齢者に心を向けていないことでありますが、それはまた文化的安楽死でもあります。というのは高齢者に口を開くチャンスも、行動するチャンスも与えていないからです。

そしてさらに、若者が排除されるということもあります。仕事のない若者、雇用されない若者のパーセンテージは非常に高くなっていて、働くことによって得る人格の尊厳を体験できない世代がいるのです。

二〇一三年七月二五日　ワールド・ユースデイ　演説

内省★自己充足だけを目的とする文化においては、多くの人と優先課題が残されてしまう。今週あなたは、私利私欲のない行いを実践するために、何ができるだろうか。その日標の達成を助けるために、どんな特別な活動をすることができるだろうか。

8月14日
出会いの文化に取り付かれて

交わりと出会いの文化の奉仕者でありなさい！　この文化に取り付かれるほどに、と言いたいくらいです。「わたしたちの真理」の自信過剰者・命令者にならないで、そうなってください。むしろ、永遠に宣言されるべきキリストである真理によって見いだされ、触れられ、変容された者の謙虚で喜びに満ちた確信に導かれることを願っています。

二〇一三年七月二七日　ワールド・ユースデイ　説教

内省★今日あなたが話をする相手に、完全に集中力を傾けなさい。愛をもって耳を傾ける謙虚な態度を実践しなさい。

8月15日
決して憂鬱でなく
聖母の被昇天の祝日

キリスト者は喜びにあふれています。彼らは決して憂鬱にはなりません。神はわたしたちの側におられます。わたしたちにはその子どもたちの命のために、エステル女王（エステル5・3参照）がしたように、取り次いでくださる母がいます。イエスは神のみ顔が、慈しみの父のみ顔であることを示してくださいました。罪と死は滅ぼされました。キリスト者は悲観主義者ではいられません。

二〇一三年六月二四日　ワールド・ユースデイ　説教

内省★悲観主義と闘うことがあるだろうか。聖人伝を読みなさい。その聖人の展望を見て、それを生きることができる助けを、神に願いなさい。

8月16日
神は決して裁かれない

神は、わたしたちをわたしたちの愛する力に基づいて裁かれる、このことを覚えておきましょう。神の愛を受け入れるなら、わたしは救われていますが、それを拒否するなら、わたしは神によってではなく、わたし自身によって裁かれています。神はただ愛され、救われるのであって、決して裁かれないからです。

二〇一三年七月二六日　ワールド・ユースデイ　十字架の道行き　演説

内省★あなたはどんなときに神の愛を拒否するのか。なぜなのか。

8月17日
イエスは幻想ではない！

わたしが次のことを話すのは、幻想を売るためにここへきたのではなく、誠実に語りたいからです。あなた方を生かし続ける方がおられる、彼を信頼しなさい！　それはイエスです！　イエスを信頼しなさい！　イエスは幻想ではありません！　イエスを信頼しなさい。主はつねにわたしたちとともにおられます。彼はわたしたちの生活の海辺にこられます。彼はわたしたちの失敗、弱点、罪を変容するため、わたしたちに近づかれます。主はよいスポーツマンのように、何度も何度もあなた方をご自身に立ち向かわせることを止められません。あなた方の何人かは、結果を達成するためのトレーニングのつらさに直面した体験から、このことをよく分かると思います。

困難があなた方を怖れさせてはなりません。むしろ困難を乗り越えるように、拍車をかけます。イエスの言葉があなた方に語られたかのように聞きなさい。沖に出て、網を投げなさい。

二〇一三年九月二二日　若者たちとの出会い　演説

内省★今、あなたはどんな困難に直面しているか。あなたはそれを怖れているだろうか。あなたの生活と困難を任せるために、心の静けさの中でしばらく過ごしなさい。それらの困難を、神に信頼してよりいっそう強く成長する機会とするよう願いなさい。

8月18日
わたしですか？

聖体に現存されるキリストを礼拝しながら、今晩、わたしたち自身にたずねてみましょう。わたしは主に変容していただいているでしょうか。ご自分をわたしに与えられる主に、わたしは、与えるため、分かち合うため、主と他の人びとを愛するために、自分の小さな囲いから出るよう導いていただいているでしょうか。

二〇一三年五月三〇日　説教

内省★教皇フランシスコのこれらの質問についての黙想。

8月19日
人類の自殺

戦争は愚かです。それは人類の自殺です。それは金力に対する奉信行為であり、地上の権力者が諸民族よりも大切だという行為です。今日わたしたちは戦争という愚行、人類の自殺によって亡くなった方、傷ついた方、犠牲者のために祈ります。それは心を殺し、まさに主のメッセージを殺し、愛を殺します。わたしたちの父である神は泣いておられます。この愚行を泣いておられます。そして権力をもつあらゆる人に、あなたの兄弟はどこにいますか？　あなたは何をしたというのですか？　と問うておられます。おお主よ、わたしたちを憐れみ、彼らの罪をすべてお赦しください。

戦争の陰にはつねに罪があるからです、偶像崇拝、人身売買などによる権力の祭壇上での犠牲者です。

主よ、わたしたちを顧みてください。主がわたしたちの祈りを聴いてくださり、慰めの力を与えてくださると確信します。

二〇一三年六月二日　聖マルタの家での説教

内省★わたしたちの時代は戦争で満たされた時代だ。さまざまな民族間の争いだ。現代文化との争い。わたしたちの心の中での戦いでもある。これらすべての戦いから、神はあなたが何を学ぶことを望まれると思うか。これらの戦いを取り巻く愚かしさにもかかわらず、神はどのように他人を愛せよとあなたを呼ばれているのだろうか。

8月20日
信頼を失わないで

若者である皆さん、愛する若い友人たち、あなた方は不正に対して特別な感受性をもっていますが、共通善よりも個々の関心を優先する人びとの腐敗を示す事実に、たびたび失望させられています。あなた方とすべての人びとに、わたしは繰り返し言います。決して失望しないでください。信頼を失わないでください。あなた方の希望を消されてはなりません。

状況は変わり得ますし、人びとも変わります。善を追求し、それをもたらそうとする動きの先頭に立ってください。悪になじまず、善をもって悪に打ち勝ってください。

二〇一三年七月二五日　ワールド・ユースデイ　演説

内省★落胆させるような状況に、あなたはどのように積極的態度を示すことができるか。善をもって悪に立ち向かうために、あなたがとるべきステップを考えなさい。このような状況に必要な行動は何か。どのような忍耐が求められているか。

8月21日
神の民とともに歩む

偽善を拒否しなさい。偽善的強権主義に「ノー」と言いなさい。霊的世俗主義にも「ノー」と言いなさい。そうしないなら、あなたは福音を信じる者ではなく、ビジネスマン、あるいは企業家になってしまいます。

神の民とともに歩むこと、彼らと親しくあることに「イエス」と言いなさい。特に神がともに住まわれることを理解し、罪びとや疎外された人びとに対する優しさに「イエス」と言いなさい。

二〇一二年九月二日　説教

内省★今日の状況の中で冷たく反応する誘惑を感じた場合、どうすれば優しさに「イエス」と言えるか、一瞬考えなさい。福音を信じる男性・女性、慈しみの男性・女性でありなさい。

8月22日

聖霊にとって緩慢なものはない

天の元后聖マリアの祝日

マリアの生涯の出来事を考え、黙想し、祈っているとき、神は次のように言われます。マリアは性急ではありません。彼女はその瞬間の流れに動かされず、出来事によっても左右されません。

しかし、神が何を願っておられるか、そして彼女が何をすべきかをはっきりと理解したとき、ためらわず、時を移さず、〝急いで〟出かけます。聖アンブロジオはこれについて次のようにコメントしています。「聖霊にとって緩慢なことは何もない。」（ルカ福音書の解説Ⅱ）

二〇一三年五月三一日　演説

内省★人生において何が大切かを考えようとすることから、あなたを引き離すのは何だろうか。神があなたに望まれることを急いでするのを妨げるのは何だろうか。祈りの中で父なる神に耳を傾けてそのみ声を聴き、それに応える時間をとりなさい。

8月23日

正当な行為

女性が子どもを出産するとき、それはいつでも命と将来への賭《か》けであり、子どもたちの無垢な姿を見るときその将来の幸《しあわ》せを確信します。そして利己的でない高齢者を尊敬するときも、自分たち自身のルーツを受け入れて、正しく振る舞います。

二〇一二年一〇月一日　ブエノスアイレスの司祭、修道者、信徒への書簡

内省★あなたは子どもや老人の世話をする機会を探すか。あなたの小教区や近所でシングル・マザーを援けることができるか。介護施設に寂しい高齢者を訪問することがあるか。あなたが親なら、彼らへの奉仕の模範として、子どもたちを同伴することを考えなさい。

8月24日
耳を傾ける存在

わたしたちが自問しなければならないことは、実践できるコミュニケーションの具体的方法について、教会はどんな役割をもっているか、技術的な面以外のあらゆる状況において、目標にすべきことは、どのようにして現代の人びととの対話に入ることができるかを考えることだと思います。教会は信仰のたまものに伴う深い意味を伝えようとしますが、これらの人びとは、キリストの教えが不毛で難しいと思い、ある時点で失望してしまったのです。確かに地球化された現代において、孤立と方向感覚の喪失感が深刻化していることを認めます。生きる意味を失い、〝家庭〟につながることができず、意義深い関係を築くことに対する苦闘がますます深くなることも分かっています。だからこそ、いかに対話するか、現代の技術とネットワークの使用を識別して、耳を傾け、話し合い、励ます場である教会を啓示することが重要です。

あなた方が地球環境市民であるキリスト者としてのアイデンティティを表明して、このような存在となることを怖れないでください。

二〇一三年九月二一日「社会的コミュニケーション」についての教皇諮問総会での演説

内省★対話の文化をオンライン、オフラインで、どのように創り上げることができるだろうか。謙虚さと開かれた心を祈り求めなさい。

8月25日
「キリストを身につける」

イエスは神をわたしたちのもとに、わたしたちを神のもとに届けます。キリストとともにわたしたちの命は変容され、刷新されて、新しい目で、イエスの目で、イエスの観点から現実を見ることができます。(『信仰の光』18参照)

この理由から、今日わたしはあなた方一人ひとりに申します。あなた方の生活の中で「キリストを身につけなさい」と。そうすれば、あなた方はつねに信頼できる友を見つけ、「キリストを身につける」のです。そして希望の翼は広がり、未来に向けてあなたの旅路は進むでしょう。「キリストを身につけなさい」、そうすればあなたの生涯は主の愛に満たされ、実り豊かなものとなるでしょう。わたしたちはみな実りある生涯、他の人びとに命をささげる生涯を望んでいるからです。

二〇一三年七月二五日　ワールド・ユースデイ　演説

内省★あなたの生活はキリストによって変容され、刷新されているだろうか。あなたの生活の中心としてキリストを身につけているだろうか。

8月26日
主とともにとどまる

イエスは扉であり、イエスがわたしたちの生活の敷居を越えて入ってこられるよう、扉をたたいておられます。これはエマオへ向かう弟子たちがしたように、わたしたちの心の扉を開くことを意味します。わたしたちが信仰の扉を通り抜けることができるように、わたしたちが信じていることの理由を理解できるようになるところまで、主ご自身が導いてくださいますように。そしてわたしたちが出ていって、他の人びとに主を宣べ伝えることができるように、わたしたちとともにとどまってくださるよう主に願うのです。

信仰は、主とともにとどまること、主とともに住むこと、そして兄弟姉妹と主を分かち合うことを意味します。

二〇一二年一〇月一日　説教

内省★イエスにあなたの生活の敷居を越えさせる、とは何を意味するのだろうか。あなたの生活を家として想像しなさい。どの部屋に神を招き入れるか。どこへは神を入れないか。主にあなたの生活を開く勇気をもちなさい。

8月27日
福音宣教の真の主力

教会とわたしたちの生活の中で、福音宣教の真の主力は誰でしょうか。パウロ六世ははっきりと書いています。「現代においても、初代教会当時と同じように、霊に身を任せ、霊に導かれるすべての福音宣教者のうちに働かれるのは聖霊です。聖霊は宣教者が自分では見つけられない言葉をその唇に置き、同時に聞く人の魂を開いて、宣言されるよい知らせと神のみ国を受け入れるように前もって図られます。(『福音宣教』75)

二〇一三年五月二二日　一般謁見

内省★あなたは聖霊に身を任せているだろうか。聖霊は、わたしたちにキリスト者の命を生きさせてくださる。聖霊を無視してはならない。聖霊をないがしろにしてはならない。これまであなたの生活に聖霊を呼び求めなかったのなら、今後あなたとともにいてくださるよう願いなさい。

8月28日
素直さと勇気をもって

信仰を生きることを怖れないでください！　あなたの生活環境の中で、素直に勇気をもってキリストを証ししてください。すべてに超えて、あなたが出会う人や仲間たちに、つねに赦し、励まし、希望を注ぐ神の愛と慈しみのみ顔を示すことができますように！

二〇一三年六月二一日　メッセージ

内省★今日、神の慈しみを生きることができるような状況に、あなたを導いてくださるよう神に願いなさい。例えば会話において軽い軽蔑をおおらかに赦すとか、ゴシップを拒否することなど。

8月29日
わたしたちから偶像を排除する

自分たちが抱えている大小さまざまな偶像を排除しなければなりません。わたしたちはそこに逃れ場を見つけ、たびたびそこに安全基盤を探したりします。それらは偶像であり、わたしたちはときどきそれらをじょうずに隠しています。それらは野心、立身出世主義、成功願望、自分中心主義、支配欲、生活支配欲、わたしたちが束縛されているいくつかの罪、そしてその他多くのことがそこに含まれます。

二〇一三年四月一四日　説教

内省★神以外のどこに、あなたは逃れ場を見いだせるか。それは、どのように偽りの安全をあなたに与えるだろうか。これらの偶像から解放されるよう神に願いなさい。あなたを束縛から自由にし、あなたの希望を神のうちにおく恵みを求めなさい。

8月30日
聖霊の言語

聖霊の言語、福音の言語は、閉鎖性と無関心、分裂と敵愾心《てきがいしん》から脱却するようわたしたちを招く、交わりの言語です。わたしたちはみな、次のことを自問しなければなりません。わたしの生活と信仰の証《あか》しが、どのように一致と交わりになるのか、聖霊に導かれているでしょうか。わたしは愛と和解の言葉を運んでいるでしょうか。それこそ、わたしが住んでいて、わたしを取り巻く環境に対しての福音です。

二〇一三年五月二二日　一般謁見

内省★教皇フランシスコが問われている質問について考えなさい。どのように、それらをあなたの日常生活と環境に活かすことができるだろうか。

8月31日
善をもって悪に応える

愛する兄弟姉妹のみなさん、十字架のことばはまた、わたしたちのうちと周囲で働き続ける悪の面前に、キリスト者が示す答えでもあります。キリスト者はイエスがされたように十字架を背負い、善をもって悪に応えなければなりません。

二〇一三年七月二六日　十字架の道行き　演説

内省★十字架上でイエスが示された愛について数分間黙想しなさい。あれほど多くの人がイエスに対して憎しみと侮蔑を示したが、イエスは愛をもって応えられる。神はどのような悪に対して、あなたが善をもって応えることを望まれるだろうか。

9月

9月1日

足を洗う

御父がイエスのみ手にすべてを任されたことを、はっきりと理解したうえで、イエスは手ぬぐいを取って腰に巻き、弟子たちの足を洗い始められる。より深くより高いヴィジョンは、新しい洞察ではなく、へりくだった、明確で具体的な行動へと導く。

二〇一一年八月二五日　ブエノスアイレス都市宣教第一回地方大会

内省★あなたの信仰を強めることは、さらに深く愛する力を与えるだろうか。それはより深い謙虚さ、あるいはプライドを与えるだろうか。今週、明確で具体的な謙遜の行いをしなさい。

9月2日
霊的闘い

わたしたちは霊的闘いに備えていなければなりません。これは非常に大切なことです。悲しみに対し、苦味に対し、悲観主義などに対しての毎日の闘い、この霊的な闘いがなければ、福音を宣べることは不可能です。

二〇一三年六月一七日　演説

内省★何があなたに悲しみ、苦味、悲観主義を与えるのか。神はあなたの闘いを知っておられる。神の喜びをもって、これらの闘いに打ち勝つ力を神に願いなさい。

9月3日
言葉の剪定《せんてい》

人びとが、いつ誰か他の人をけなすかを知るために、精神科医のところに行く必要はありません。彼ら自身が伸び悩んでいて、自分の方が相手よりも重要な存在であるとみなす必要があるので、そうするのです。しかしイエスは「他人の悪口を言ってはならない。けなしてはならない。評判を傷つけてはならない」と言われました。

それはわたしたちが悪者であるからではなく、弱い、罪びとだからです。ある事態を解決するために、親切な言葉よりも、誹謗《ひぼう》、中傷、泥の投げ合いのほうがずっと易しいからです。イエスはこれについて次のように言われました。「言葉を少し刈り込むことから始めなければならない。」この場合のことばとは相手についてのコメント、あるいは怒りに燃えあがって相手を侮辱するような激怒を指します。

二〇一三年六月一三日　聖マルタの家での説教

内省★あなたがゴシップや他人の悪口を言う誘惑を感じるのはどこにおいてか。これについて、あなたに剪定を迫るのは何か。不親切な言葉を使う必要がないよう、こうした分野で進歩する助けを神に求めなさい。

9月4日
堅実に生きる

堅実に生きる、生活の堅実さとは、話すことについてではなく、生活全体をとおして語ることです。この堅実さとは、わたしが他の人びとと触れ合うことが、イエスとの出会いとしてキリスト教を生きることを意味します。それは単なる社会的レッテルではありません。社会的という点についてですが、わたしたちは絶対に自分たちのうちに閉じ込められたキリスト者ではありません！　そうではありません。証《あか》しこそが大切なのです。

二〇一三年五月一八日　聖霊降臨の前晩　演説

内省★キリスト者として、わたしたちはしばしば生活を分離する。日曜日、教会ではキリスト者であるが、月曜日にオフィスではそうではない。家族とともにいるときはクリスチャンだが、パーティーで友だちといっしょにいるときはそうでない。どこで堅実さが欠けているのか。

9月5日
コルカタの聖女マザーテレサ

　どうしても疑問が一つ残ります。どこから始めるのですか。この仕事を始めるのに、誰に頼みましょうか。あるとき、人びとがコルカタのマザーテレサに、教会を変えるのに何が必要か、どの壁から始めるべきか、どこが出発点かをたずねました。そして彼女の答えは、あなたとわたしが出発点です、と。

　この人は決意を示しました。彼女はどこから始めるべきかを知っていたのです。そして今日、わたしは彼女の言葉を自分のものとしてあなた方に申します。始めましょうか？　どこから？　あなたがたとわたしとともに！

二〇一三年七月二七日　ワールド・ユースデイ　演説

内省★自問しなさい。わたし自身のことで始めなければならないとしたら、はっきりとどこから出発するのか。イエスがどこから出発すべきかを告げられるように、心を開きなさい。そして、それを生きるための決意を願いなさい。

9月6日
彼が唯一の英雄

福音は七十二人の弟子たちが、ミッションから喜んで帰ってきたことを伝えています。キリストのみ名の力によって、悪さえも屈服することを体験したからです。これについて、キリストはこれらの弟子たちに悪を屈服させる力を与えたと言われ、さらに付け加えて「しかし、悪霊があなたがたに服従するからといって、喜んではならない。むしろ、あなたがたの名が天に書き記されていることを喜びなさい」（ルカ10・20）と言われました。

わたしたちは自分たちが主役であるかのように、自慢してはなりません。主役はただ一人であり、主だけです。主の恵みが主役です！　彼が唯一の英雄です！　そしてわたしたちの喜びはまさに、彼の弟子であること、彼の友であることです。

二〇一三年七月七日　正午の演説

内省★過去数年間にあなたが達成した成果とあなたの生活をふり返りなさい。その一つひとつについて神に栄光を帰すように！　さらにより近く神とともに旅をする力を願いなさい。

9月7日
消費主義の典型

彼らの限界を受け入れることができないわたしたちの利己主義のゆえに、高齢者は放置されています。このことは、わたしたち自身の限界をも示しています。典型的な消費主義は「若者だけが役に立ち、若者だけが楽しむことができる」と強調するので、高齢者に活動的な参加も、意見表明も、奉仕の例も提示させない現代文明の中で生きていくために、彼らは克服しなければならない多くの落とし穴の中に放置されています。

これら年輩の人びとは、全体的社会の中で、人類の知恵の泉となるべき人びとにほかなりません。

二〇一二年五月二五日　説教

内省★現代文明の消費主義の典型は、どこであなたに影響を及ぼすか。あなた自身、他の人びと、特に高齢者と病者について、神にあなたの見解を再構成していただきなさい。

9月8日
無関心の雲

人びとの心にキリストをもたらしたマリアのように、わたしたちは喜びと希望をとおして、他の人びとにキリストをもたらさなければなりません。そのためにはわたしたちの道を見失うことなく、無関心の雲を通り過ぎる必要があります。征服されず、道を間違えずに、暗い闇の中へ降りていく必要があります。誘惑されずに、夢に耳を傾ける必要があります。意気消沈せずに、彼らの失望を分かち合う必要があります。わたしたち自身の力とアイデンティティを失わないで、生活がボロボロになった人びとに同情することが必要です。(教皇フランシスコ　二〇一三年七月二七日　ブラジル司教団への演説n 4参照) これが道であり、これがチャレンジです。　二〇一三年九月二七日　演説

内省★キリストは、あなたが誰のところへ行くようチャレンジされているか。このチャレンジに、あなたはどのように向き合っているだろうか。この体験の中で、どのように主を見いだすことができるか。

9月9日

生活の戸口

神からの新しいこと、生活の試練、主のうちにしっかりとどまること。愛する友人であるみなさん、聖霊が与えてくださる神からの新しいことに対して、生活の戸口を広く開けておきましょう。聖霊がわたしたちを変容し、試練の中でわたしたちを堅固にし、主との一致と主においての堅実さを強めてくださいますように。これがほんとうの喜びです！そのようでありますように。

二〇一三年四月二八日　堅信式のミサ　説教

内省★あなたの試練をとおして、神は今この時点で、あなたに何を告げようとしておられるのか。このようなときに、あなたはどのように主を捜し求め、主により近くなれるだろうか。

9月10日
希望を奪われてはならない

希望を失ってはならない、と言うのは易しいことですね。しかし、皆さんの全員、仕事のある人にも仕事のない人にもすべての人に言いたいのです。「希望を奪われないでください！　希望を奪われないでください！」おそらく希望というのは、灰の下の埋もれ火のようなものですから、炎を再び燃え立たせるように、連帯の精神で息を吹きかけて助け合いましょう。

希望はわたしたちを前進させます。それは単なる楽観主義ではなく、別のことです。しかし、希望は一人の人のものではなく、わたしたちはみな希望を創り上げるのです！　あなたがたすべて、遠くにいるすべての人、一人ひとりのうちに、希望を存続させなければなりません。希望はあなた方のものであり、わたしたちのものです。それはすべての人のものであります！

二〇一三年九月二二日　勤労者の集会での演説

内省★あなたは希望と励ましを必要とする人を知っているか。その人に電話をかけてあげる時間をとりなさい。

9月11日
利己主義と自己耽溺《たんでき》

イエスは生ける神が受肉された方であり、死と罪、利己主義と自己耽溺の限りない行為に、命をもたらした方です。イエスは、受け入れ、愛し、高め、励まし、赦《ゆる》し、歩く能力を回復し、命を返し与える方です。

二〇一三年六月一六日　説教

内省★イエスの模範を考えると、神はどこで励ますこと、赦すこと、力を回復することにあなたを呼んでおられるだろうか。あなたは神の励ましと力の回復を必要としているだろうか。死と罪と利己主義の真っただ中に、新しい命をもたらす助けを神に願いなさい。

9月12日
イエスと並んで歩く

神は愛であると思うことは、わたしたちにとって非常に大きな益となります、それはイエスがご自分をわたしたちに与えられ、わたしたちと並んで歩かれたように、わたしたちも愛し、自分たちを人びとに与えることを教えてくれるからです。

二〇一三年五月二六日　正午の演説

内省★今週、イエスはどこであなたとともに歩まれるだろうか。どうすれば、イエスと並んで歩めるか。どうすれば、イエスの手となり足となることができるだろうか。

9月13日
イエスは、罪びとをよりいっそう愛される

イエスは誰をも除外されません。おそらくあなた方の何人かは「でも教皇様、わたくしは大罪人ですから、絶対に例外です。わたくしは恐ろしいことをしてしまいました。生涯においてたくさんの悪を犯してしまいました」と言うことでしょう。いいえ、あなたは例外ではありません！　まさにその理由のために、あなたはもっとも愛されているのです。イエスはつねに罪びとを愛し、赦すために、さらに愛されるのです。イエスはあなたを抱きしめ、あなたを赦すために、待っておられます。怖れないでください。イエスはあなたを待っておられます。

二〇一三年八月二五日　正午の説教

内省★イエスを抱きしめ、イエスに抱きしめていただくことを止めているのは何だろうか。

9月14日
十字架がなかったら何が起こるか
十字架賞賛の祝日

十字架なしで旅をするなら、十字架なしで建築をするなら、十字架なしでキリストを宣言するなら、わたしたちは主の弟子ではなく、世俗化された者になってしまいます。司教、司祭、枢機卿、教皇になるかもしれません。しかし、主の弟子にはなれません。

二〇一三年三月一四日　説教

内省★なぜ十字架はキリスト教の本質なのだろうか。十字架はあなたの生活の本質になっているだろうか。あなたは苦しみを理解するために、十字架をレンズとして使っているだろうか。あなたは十字架ゆえに主に感謝しているだろうか。

9月15日
神に対する不平
悲しみの聖母の祝日

神に向かって悲しみを訴えることは罪ではありません。わたしが知っている司祭があるとき、不運について神に不平を言った一人の女性に言いました。「奥さん、それは一種の祈りですから、どうぞ続けてください。主はわたしたちの嘆きを感じ、聞いておられます。」ヨブとエレミヤも呪いによって嘆きましたが、主に対してではなく、状況を嘆いたのです。実際に苦しい状況にあるたくさんの人たちがいます。非常に深刻な苦しみにある人びとのことを、心と体によって考えなければなりません。苦しむ兄弟、苦しむ姉妹よ、彼らはわたしの気がかりであります。

二〇一三年六月五日　聖マルタの家での説教

内省★まず、あなたの苦しみについて神に語りなさい。第二に、他の人びとの苦しみを聞き、助ける恵みを神に願いなさい。

9月16日
隠れた偶像を掘り起こす

あなた方のうちの誰も一本の木の前に立って、それを偶像として礼拝する人はいないと思います。誰も家庭で彫像を礼拝する人もいないと思います。しかし、偶像礼拝は非常に巧妙で捉えにくく、わたしたちも隠れた偶像をもっていることがあります。ですから神のみ国に到達する人生の途上で、隠れた偶像を掘り起こしましょう。

二〇一三年六月五日　聖マルタの家での説教

内省★神のみ国への途上で、あなたはどんな偶像を掘り起こす必要があるか。傲慢？　富？　他人の注目？　偶像からあなた自身を引き離すために、今週あなたにできる一歩、あるいは犠牲は何だろうか。

9月17日

文化に逆行する

今日、結婚は流行遅れだと言う人がいます。結婚は流行遅れでしょうか。相対主義と刹那主義文化の中では、多くの人がその瞬間を〝楽しむ〟ことを強調します。彼らは生涯かけてのコミットメント、〝いつまでも〟という最終的決定には意味がない、なぜなら明日が何をもたらすか分からないからと言います。

それに対して、わたしは皆さんに革命者であれと言い、時流に逆行して泳ぐよう願います。そうです。すべては一時的であり、最終的にあなた方は責任をとることができず、真の愛は不可能であると信じるこの文化に対抗するよう願います。

二〇一三年七月二八日　ワールド・ユースデイ　演説

内省★あなたの家族、小教区、召命、友人に、どんなコミットメントをしたか。代価に関係なく、そのコミットメントに固執する固い決意をすること。そして、そうする力を神に願いなさい。

9月18日
敵ではなく

わたしの望みは、すべての人が相手の中に敵でもなく、ライバルでもなく、歓迎され抱擁されるべき兄弟あるいは姉妹を見る関係をつくる、橋の建造者となることを助ける対話です。

二〇一三年三月二二日　演説

内省★あなたは、誰を敵あるいはライバルとして見ているか。あなたの態度をどのように変えることができるか。今週あなたは、このひとりの人を兄弟あるいは姉妹として見るのを助けるために、どんな行動をとることができるだろうか。

9月19日
お金

お金は奉仕するためのものであり、統治するためのものではありません！　教皇は富んでいる人も貧しい人もすべての人を同じように愛します。しかし、教皇はキリストの名において、富んだ人に貧しい人を助け、尊重し、助成するよう勧告する義務があります。

二〇一三年五月一六日　演説

内省★あなたは、いつお金に対する愛着で神の愛を覆ってしまったか。いつ神の愛でお金に対する愛着を覆ったか。他の人びとに奉仕するために財産を使うよう、神に助けを願いなさい。

9月20日
キリストのイメージと教会

教会は花嫁であります。福音の中でイエスはたびたび、燃えるともし火をもって主人を待つ乙女たちや、息子の結婚のために父親が催す宴会について語られます。

主はご自分と教会との関係が、婚姻関係のようであることを示しておられます。これは、教会がなぜ結婚の秘跡を守っているかの深い理由です。そして、それが偉大な秘跡と呼ばれるのは、結婚がまさにキリストと教会との一致した関係のイメージであるからです。

二〇一三年九月六日　聖マルタの家での説教

内省★聖書をとおして、神はご自分と神の民との関係が婚姻関係であることに言及されます。この光の中で、主に対するあなたの愛はどのようだろうか。あなたは主を生涯にわたる愛であると考えているか。あなたは主に生涯のコミットメントをしただろうか。

9月21日
悪に対する深遠な闘い

悪とその誘惑を拒否し、身を賭《と》して善を選ぶことは、堅固で勇気のある決定です。これこそキリストに従うことであり、自分の十字架を担うことの意味です！

悪に対するこの深遠な闘い！　多くの戦争が行われているが、悪に対するこの深遠な闘いができないならば、戦争をすることが何の役に立つだろうか。無意味である。何の役にも立たない。

二〇一三年九月八日　正午の演説

内省★もし誰かがあなたの日々の生活を証明したら、悪に対する闘いを証しするだろうか。彼らはどのような勇気ある行為を見ているだろうか。

9月22日
他の人びとに一打を

温和であることは、幾分忘れ去られた美徳です。他の人を優先して、温和であること。温和に対する敵は非常にたくさんあります、そうではありませんか? ゴシップを皮切りに。物語をしたい人、他人についてのゴシップをしたい人、他の人に一撃を加えたい人など。こうしたことは誰にでもある日常茶飯事で、わたしにもあります。これらは悪魔からの誘惑であり、彼はキリスト者の共同体に聖霊が温和の徳を創り出すことを望まないのです。

二〇一三年四月九日　聖マルタの家での説教

内省★ひとたびゴシップで口にした言葉は、取り返しがつきません。しばらく時間を取って良心を調べ、他の人を悪く言ったことがないか反省なさい。悪魔のこの誘惑の根を引き抜き、温和の徳が育つよう決意しなさい。

9月23日
ユニークなイエスのみ声

イエスはご自分と御父との関係を、友人との関係に反映させたいと望まれます。それは完全な信頼と親密な交わりのうちにある相互依存の関係です。この友情関係の深い理解を表明するために、イエスは羊とともにいる羊飼いのイメージを使われます。羊飼いは羊の名を呼び、羊は彼の声を聞き分けてそれに応え、彼についていきます。

この譬《たと》え話は非常に美しい！　イエスのみ声はユニークです。もし、わたしたちがそのみ声を聞き分けることを学ぶなら、イエスはわたしたちを人生の途上で、深遠な死さえも超える道へ導いてくださいます。

二〇一三年四月一四日　正午の演説

内省★あなたはどのように羊飼いの声を聞いているか？　この世の中で、他のどんな声があなたを動揺させたり欺いたりしているか。祈りの中で、イエスの本物の声を聞き分けることを学ぶことができる。

9月24日

彼の勝利の歓迎

キリストはかつて、そして永遠に、悪に打ち勝たれました。しかしこの勝利を生活の中で、そして歴史と社会の現況の中で歓迎することは、わたしたちと、あらゆる時代の人びとにかかっています。

二〇一三年四月一日　正午の演説

内省★あなたの試練、苦しみ、失望において、キリストの勝利を思い起こしなさい。イエスの勝利の現実をあなたの生活の中に招き入れなさい。

9月25日
恩恵

もちろん、つねにわたしたちの前を歩まれる神から自由に与えられた愛を受け、恵みによって救われ、認められたことを、はっきりと知っていなければなりません。自分たちの力では何一つできません。

まずすべてに超えて、信仰とは与えられたたまものです。しかし信仰を実らせるために、神の恩恵はわたしたちが開かれていること、および自由で明確な応答を必要とされます。

二〇一三年四月二四日　一般謁見

内省★神は最近、あなたにどんな恵みを与えられているか。あなたの生活のどこで、神は働かれ動いておられるか。あなたは心の中で、思いと行動において、この恵みに対してどのように自分を開いているだろうか。

9月26日
神は決して疲労されない！　わたしたちも決して疲れないで！

次のことを忘れないようにしましょう。神は決してわたしたちを赦すことにうんざりされない。「でも教皇様、問題は何なのですか？」そう、問題はわたしたちが疲れてしまうことであり、もう赦しを願いたくないのです。赦しを願うことに疲れてしまうのです。主は赦すことに決して疲労されないのに、わたしたちはときどき、赦しを願うことに疲れてしまうのです。決して疲れないように、決して疲れないようにしましょう！

神はつねに赦す愛の御父であり、わたしたちすべてに対する慈しみの心をもっておられる方です。ですから、わたしたちもまた、すべての人に慈悲深くあることを学びましょう。

二〇一三年三月一七日　正午の演説

内省★あなたは何度も同じ罪を告白して、赦しを願うことにうんざりしているか？　主の継続的赦しを受け入れ、繰り返しわたしたちを苦しめる人を、続けて赦そう。

9月27日
これこそ摂理！

イエスはわたしたちの問題、弱さ、必要を感じ取られます。五つのパンを見ながら、イエスは「これは摂理だ！　これだけ少量のパンを、神は全員に十分な量にすることができる」と考えられます。イエスは天の御父に全幅の信頼をもっておられます。神にとってすべては可能であることをイエスは知っておられるのです。　二〇一三年六月二日　正午の演説

内省★あなたの弱さと必要は何か。神はご自分のご計画の中で、それらをどのように使われると思うか。神のみ旨がどんなに不可思議に思えても、あなたの意志を神のご計画に信頼して任せなさい。

9月28日
正義と悪の渦巻き

「目には目を、歯には歯を！」という律法に従って生きるなら、わたしたちは悪の渦巻きから決して逃れることができないでしょう。悪は非常に巧妙で、人間的正義によって自分たちも世界も救われると考えるように騙《だま》します！　実際には神の正義だけがわたしたちを救うことができるのです！　そして神の正義は十字架に示されました。十字架は世界とわたしたちすべてに対する神の裁きです。

しかし、神はどのようにわたしたちを裁かれるのでしょうか。わたしたちに神の命を与えることによってです。ここに悪魔をきっぱりと打ち負かした正義の最高行為があります。この正義の最高行為は、慈しみの最高行為でもあります。イエスはわたしたちがみな、この道に従うよう招かれます。「あなたがたの父が憐れみ深いように、あなたがたも憐れみ深い者となりなさい。」（ルカ6・36）

さて、わたしはあなたがたに一つのことをお願いします。沈黙のうちに、みなで考えましょう。それぞれが、いやな思いをさせられた相手、怒りを覚える相手、好きになれない相手を想定してください。その人のことを思い、今この瞬間に、沈黙のうちにその人のために祈りましょう。そしてこの人に対して憐れみ深い人になりましょう。

二〇一三年九月一五日　正午の演説

内省★教皇のこの要求に従って、沈黙のうちに、しばらくそれを行う時間をとろう。

9月29日

誰が神のようであるか

聖ミカエル、ガブリエル、ラファエル大天使の祝日

ミカエルとは「誰が神のようであるか」ということを意味するのですが、彼は神の最高権力圏の擁護者であります。ミカエルは神の正義を再構築するために闘い、神の民を敵から、特にすべてに超えて最悪の敵である悪魔から護ります。そしてミカエルにおいて行動される神によって、彼は勝利を博しました。したがって、聖書によれば悪は克服され、非難者の仮面ははがされ、彼の頭は粉砕されました。キリストの御血による救いは成就されたからです。

悪魔が大天使や人間の顔を引っ掻こうとしても、神はそれより強いのです。神は勝利者であり、神の救いはすべての人間に及んでいます。

二〇一三年七月五日　演説

内省★あなたは悪との闘いで護られるよう、聖ミカエルの助けを求めるだろうか。あなたはすべての行動において困難に出会うとき闘い、しっかり立つことができるよう神に先導されているだろうか。神とともに闘う選択をしなさい。

9月30日
共通の聖性

わたしは神の民の忍耐の中に聖なる姿を見ています。子どもたちを育てる女性、パンを家庭にもち帰るために働く男性、病人、主に仕えるゆえに多くの痛みを抱えながらほほえみを絶やさない高齢の司祭、懸命に働き、隠れた聖性を生きるシスターたちなど、これがわたしにとっての共通の聖性です。

わたしはたびたび聖性を忍耐と結びつけます。生活の中の出来事や状況に関してのヒポモネ（ギリシャ語の新約聖書からの語）としての忍耐だけでなく、日々変わらず前進することについての忍耐です。

二〇一三年九月三〇日　雑誌『アメリカ』「教皇フランシスコとの会見」

内省★神はどこであなたに忍耐強くあるよう呼ばれているだろうか。変わりばえのしない時間、あるいは困難な仕事の中で、希望と意味と力を得るために、あなたはどのような思いで主を仰いでいるだろうか。神に信頼し、あなたを前向きにしていただきなさい。

10月

10月1日
父よ！

洗礼のときに受けた聖霊が、神に向かうわたしたちに「父よ！」あるいは「アッバ」――「パパ」とか「お父さん」という意味ですが――と呼びかけるよう勧めています。神はこのように、わたしたちにとって父親です。神はわたしたちを子どもとして扱い、理解し、赦《ゆる》し、抱擁し、悪に走ったときにさえも、愛してくださいます。

二〇一三年四月一〇日　一般謁見

内省★わたしたちは全宇宙の神、全能の神、完全な愛の神の子どもである。その事実は変哲のない日々の生活に、何らかの変化をもたらすだろうか。

10月2日
守護の天使

生活の旅路と試練の中で、わたしたちは独りではありません。神の天使たちが近くにいて、支えてくれています。神の天使たちは、いわばその羽で多くの危険に打ち勝ち、生活を困難にしたり、わたしたちをくじけそうにする現実から、高く飛び上がるよう助けます。

二〇一三年七月五日　演説

内省★あなたの信仰生活において、天使たちはどんな役割を果たしているか。カトリック者は一人ひとりに守護の天使がいると信じている。あなたは守護の天使に祈ったことがあるだろうか。守護の天使に、助け、保護、道案内を頼みなさい。

10月3日
しかし、易しくはない

キリスト者にとって政治に関わることは、一つの責任です。わたしたちキリスト者は、手を洗う〝ピラトの役を演じる〟ことはできません。だめです。わたしたちは政治に関与する必要があります。政治は愛徳の最高の形の一つであり、共通善を追求するからです。

そしてキリスト者として社会人は政治において働く必要があります。「しかし、易しいことではない」とわたしに言うでしょう。司祭になることも易しくはありません。生きていくうえで易しいことは一つもありません。

二〇一三年六月六日　イタリアとアルバニアのイエズス会系学校の生徒たちへの演説

内省★わたしたちの大部分の者にとって、政治的参与は近隣の町から始まる。あなたは地域共同体の政治に活発だろうか。共通善を求めるあり方において、あなたは地域と国の政治にどのように関わることができるか。

10月4日

苦しむキリストの体の抱擁

アシジの聖フランシスコの祝日

若いフランシスコは貧しい人びとの間で貧しい者となるため、富と安楽のすべてを放棄しました。彼は真の喜びと富が、物質的充満とその所有という世間の偶像からくるものではなく、キリストに従い、人びとに奉仕することにだけあると理解したのです。

おそらく、あまりよく知られていないことは、この理解が彼の生活の中で具体的な形をとったときのことです。それは、彼が重い皮膚病患者を抱擁したときのことです。この苦しむ兄弟は「アシジの聖フランシスコにとって、〝光の仲介者〟」（『信仰の光』57）でした。すべての苦しむ兄弟姉妹において、わたしたちは苦しむキリストの体を抱擁するのですから。

二〇一三年七月二四日　ワールド・ユースデイ　演説

内省★聖フランシスコの模範は、現在のわたしたちにとってなぜ大切なのか。安楽を放棄して他の人びとを抱擁するとは、あなたにとって何を意味するのか。

10月5日
この慈しみの心を与えてください
聖ファウスティナの祝日

神はつねに慈悲深くあることを望まれ、誰をも非難されません。神は心からの憐れみを望まれます。神は憐れみ深く、わたしたちの惨めさ、困難、そして罪さえも理解されるからです。神はわたしたちすべてに、この慈しみの心を与えられます！

二〇一三年七月一四日　正午の演説

内省★イエスは「人を裁くな、そうすれば、あなたがたも裁かれることがない。人を罪びとだと決めるな。そうすれば、あなたがたも罪びとだと決められることがない。赦しなさい。そうすれば、あなたがたも赦される」（ルカ6・37）と言われた。神はわたしたちが他の人に与えたいと思う憐れみと、神がわたしたちに与えられる慈しみとのあいだに関係を創られる。あなたの生活の中で、裁きや非難の代わりに赦しを必要とするのは誰だろうか。

10月6日
グノーシス派教会から護《まも》ってください

聖霊はわたしたちを生きた神の神秘に導き、理知主義と自己認識に閉じこもるグノーシス派教会の脅しから護ってくださいます。聖霊はわたしたちが戸口を開き、出ていって、福音のよい知らせを宣言し、証しし、信仰の喜びとキリストとの出会いを伝えるよう命じられます。

二〇一三年五月一九日　聖霊降臨の祝日　ミサの説教

内省★あなたは信仰の喜びを伝えているだろうか、あるいは憂慮、冷酷さ、否定的雰囲気を反映させているだろうか。他の人びとがあなたを見るように自分を見て、あなたの証しを妨げている点を正すのを助けてくださるよう、怖れずに主に願いなさい。

10月7日
エゴに打ち勝つためにロザリオを祈ろう
ロザリオの聖母の祝日

ここでわたしが強調したいのは、社会的地位のあるなしにかかわらず、教育の高低にかかわらず、すべての人に可能な、単純で観想的な祈りの美しさです。それはロザリオの祈りです。ロザリオにおいて、聖母マリアがみ子イエスとのより親密な一致にわたしたちを導き、イエスの思いを自分のものとし、イエスに似るように振る舞うことを願います。

そうです、ロザリオの祈りの中ではアヴェ・マリアを唱えながら、主をよりよく知り、より深く愛することができるよう、キリストのご生涯の神秘と出来事を黙想します。ロザリオの祈りは、わたしたちを神に開く効果的な方法の一つです。それはエゴイズムを克服し、家族と社会と世界に平和をもたらすのを助けるからです。

二〇一三年六月二一日　メッセージ

内省★もしロザリオの祈りのそれぞれの場面にいたなら、どんなであったかを想像しながら、神秘に重点を置いて、今日ロザリオを祈りなさい。それぞれの場面があなた自身の生活と、どのようにつながるかを理解する知恵を求めて祈りなさい。

10月8日
神の世界

神の世界とは、すべての人が他の人に対して責任をもち、その人の善を願う世界です。今晩、沈思・断食・祈りの中で、わたしたち一人ひとりが次のことを、心の深いところで自問しなければなりません。すなわち、これはほんとうにわたしが望む世界だろうか、これはほんとうにわたしたちみなが心に描く世界だろうか、と。

わたしたちがほんとうに望む世界は、わたしたちの中で、他の人びととの関係の中で、家族の中で、街の中で、民族間での調和と平和の世界だろうか。そして、真の自由とは、世界において愛によって導かれ、すべての人の善を目指す方法を選択することではないでしょうか、と。

二〇一三年九月七日　平和を願う前晩の祈り

内省★教皇の問いかけと、それがあなたについて何を意味するか、しばらく考える時間を取ろう。

10月9日
「はい」と言おう

生きた神はわたしたちを自由にされます。愛に対しては「はい」と言い、利己主義に対しては「はい」と言わないことにしよう。命に対しては「はい」と言い、死に対しては「はい」と言わないようにしよう。自由に対しては「はい」を、現代の多くの偶像の奴隷化に対しては「はい」を言わないことにしよう。ひと言でいうならば、愛、命、自由であり、そして決して失望させない神に「はい」と言おう。　二〇一三年六月一六日　説教

内省★今日あなたはどのように利己主義、偶像、死を拒否して、神に対して「はい」と言うことができるか。この「はい」を可能にするために、今日、何に対して「いいえ」と言わなければならないか。

10月10日
神はあなたに何を与えられたか

自己の中に閉じこもるキリスト者、主が与えられたすべてのものを隠しているキリスト者は、キリスト者ではありません！　それは神が与えられたすべてのことを感謝しないキリスト者です！

二〇一三年四月二四日　一般謁見

内省★マタイ福音書（25・14～30）でタレントの譬《たと》え話を読みなさい。神はあなたにどんなタレントを与えられたか。あなたはそれを使っているか、隠しているか。あなたは与えられたたまものを使って神に感謝しなさい。

10月11日
真理をことごとく

イエスが約束されたように、聖霊は「真理をことごとく悟らせる」(ヨハネ16・13)ようわたしたちを導かれます。聖霊は真理の充満であるイエスとの出会いだけでなく、真理の真っただ中へわたしたちを導かれます。それは聖霊が神に関わるすべての知識を与えて、イエスとのより深い交わりにわたしたちを入れてくださることであり、自分たちの努力だけではできないことです。

神が内面から照らしてくださるのでなければ、キリスト者としてのわたしたちの存在は表面的に終わってしまいます。

二〇一三年五月一五日　一般謁見

内省★今週『カテキズム要約』の一節を毎日読むようにしなさい。神の真理について何を学ぶことができるか理解しなさい。

10月12日
新しいパン種

信仰の敷居をまたぐということは、聖霊の動きと力に信頼を置くことを意味します。聖霊は教会の中に現存され、時のしるしによってご自分を示されます。それは過ぎ去った時代のほうがよかったとする敗北感に屈服せず、絶え間ない命と歴史の流れに加わることを意味します。それは新しい方法で考える緊急課題であり、新しい提案をし、新しいことを創造し、〝純粋で真実〟な（Ⅰコリント5・8）新しい酵母で命のパンを作ることです。

二〇一二年十月一日　ブエノスアイレスの司祭、修道者、信徒への書簡

内省★あなたは過去に生きる自分に気づいたことがあるか。神はあなたがどのように動くことを望んでおられるだろうか。神があなたに示される新しい機会を、あなたはどのように捉えているか。

10月13日
聖体祭儀の神秘

自分はどのようにイエスに従っているかを自問してみよう。イエスは聖体祭儀の神秘においで沈黙のうちに語られます。イエスに従うことは、自分から出て、生涯を自分のものとせず、イエスと他の人びとへのささげ物とすることを、毎回想い出させます。

二〇一三年五月三〇日　説教

内省★聖体礼拝にしばらく時間をささげなさい。イエスがあなたに言われることに耳を傾けなさい。

10月14日
それはあなたのため

自分たち自身にたずねてみましょう。わたしは聖霊の働きに開かれているだろうか。光をください、神のことについてもっと鋭敏にしてください、と聖霊に祈っているだろうか。わたしたちは毎日次のように祈る必要があります。「聖霊よ、わたしの心を神のみ言葉に開いてください。わたしの心を毎日善に向けて開き、神の美しさに向けて開いてくださ い。」

二〇一三年五月一五日　一般謁見

内省★イエスは言われた。「わたしが去って行くのは、あなたがたのためになる。わたしが去って行かなければ、弁護者はあなたがたのところへ来ないからである。わたしが行けば、弁護者をあなたがたのところに送る」（ヨハネ16・7）。聖霊があなたの心と精神と生活の中で君臨されるよう、今日そして毎日、聖霊を招きなさい。

10月15日
ずぶぬれのブランケット
イエスの聖テレジアの祝日

悲しみの中に聖性はない、全くありません！　聖テレジアは「悲しんでいる聖人は悲しい聖人です」と言っています。あまり価値がありません。

神学生とか、司祭、シスター、あるいは志願者が不機嫌で憂鬱そうな顔をしているのを見ると、彼らの生活にずぶぬれの重いブランケットがかけられ、それに押しつぶされているかのようです。何かが間違っています！　どうか、シスターも司祭も、一人として決して〝酢漬けのチリ唐辛子〟のような顔をしないでください！　決してそんなことがあってはなりません！

二〇一三年七月六日　神学生と志願者たちへの演説

内省★聖性と喜びの関係は何だろうか。今以上の喜びをもちたいと思ったら、主にもっと近づきなさい。喜びを表しなさい、特に他の人びとがずぶぬれのブランケットをかぶっているときに。

10月16日
信仰はわたしたちの光

　わたしたちが思想、感情、人間的力の論理に支配されてしまい、信仰によって、神によって教えられ、導かれないときはいつでも、つまずきの石になります。キリストに対する信仰は、キリスト者としてのわたしたちの生活の光です！　二〇一三年六月二九日　説教

内省★神は預言者イザヤにいわれた。「天が地を高く超えているように、わたしの道はあなたの道を、わたしの思いはあなたたちの思いを、高く超えている」（イザヤ55・9）。わたしたちは決定をするのに、理性と論理を使わなければならない。しかし信仰によって導かれ、神に信頼することを決して忘れてはならない。

10月17日
理解され、愛された

福音をとおして、イエスがその言葉と行動によって、神の命がいかに変容する力をもたらしたかを見ることができます。これが主の足に香油を塗った女性の体験です。彼女は理解され、愛されたことを感じ、愛のジェスチャーによって応えます。彼女は神の憐れみにふれ、神に赦されて、新しい生活を始めます。生ける神は憐れみ深いのです。あなた方もそう思いませんか?

二〇一三年六月一六日　説教

内省★あなたのどこに変容を必要とするか。あなたのどこに赦しと新しい命を必要とするか。神の憐れみによってあなた自身を変えていただく用意があるだろうか。

10月18日
神は遠い存在か
聖ルカの祝日

わたしたちの神は身近におられる神であり、わたしたちとともに現存される神でありますす。神はわたしたちの身近にいることができるよう、イエス・キリストにおいて神の民の一人となられたからです。

しかし、それは形而上学的現存ではありません。むしろそれはルカが書いているように、イエスがヤイロの娘を癒やしに行かれたときの親近感です。そこでは群衆がイエスの周りに押し寄せ、息づまるほどでした。そのときひとりの貧しく年とった女性がうしろから近づき、イエスの服の房にでもふれようとします。エリコの町の入り口に座っていた視覚障害者が大声で叫んでイエスに癒やされたこと、重い皮膚病を癒やされた十人が、イエスに大声で叫ぶ勇気を与えられたのも、至近距離においてでした。

イエスはそのような近さにおられるのです。

二〇一二年九月二日　説教

内省★あなたは神を遠い存在、あるいは近い存在として想像するか。教皇の言葉について考えよう。あなたに近づきたいという神の思いを受け入れていない原因は何だろうか。

10月19日
日々の現実を聴く

日々の現実を聴くこともまた非常に大切です。わたしたちに語られる神のみ言葉を聴く、人びとや出来事など生活の現実に耳を傾けること、主はわたしたちの生活の戸口に立って、いろいろな方法でノックされているからです。イエスはわたしたちの通り道にサインを置かれ、それを見る可能性を与えられるからです。

二〇一三年五月三一日　演説

内省★あなたの祈りの時間を内省に使いなさい。あなたの通り道に神はどんなサインを置かれただろうか。出来事、人びと、生活の場をとおして、神は何を告げようとしておられるか。

10月20日
愛の法則

神の民の法則は何でしょうか。それは愛の法則、主がわたしたちに残された新しい掟《おきて》(ヨハネ13・34)に従う神への愛と隣人への愛です。それは愛ですが、不毛の感傷的あるいは曖昧な愛ではなく、唯一の命の主として神を認め、同時に分裂、敵意、誤解、利己主義に打ち勝って、相手を真の兄弟として受け入れることであり、この二つは一体です。新しい掟を現実的に生きるために、わたしたちはさらに何と長い旅路を続けなければならないことでしょう。

二〇一三年六月一二日　一般謁見

内省★神を愛すること、隣人を愛することのどちらで、あなたはより多く困難を抱えているか。今月、これらの弱さの一つに対処する時間をとること。神はあなたに何をするよう望んでおられるか。

10月21日

道具になる

聖霊の働きに対する信頼を毎日新たにしましょう。それは聖霊がわたしたちの内面で働かれ、わたしたちとともにおられ、使徒的熱意と平和と喜びを与えられることに対する信頼です、聖霊に導いていただきましょう。わたしたちが勇気をもって福音を証しし、世界の中で神との一致と交わりの道具となる祈りの人となることができますように。

二〇一三年五月二二日　一般謁見

内省★あなたは現在どのようなキリスト者であるか？　どのようなキリスト者になりたいか？　熱意、平和、喜び、祈りへあなたを導かれる聖霊を、毎日神に願い求めなさい。

10月22日
驚嘆と観想

天地創造のみ業を改良し、保護することは、先史時代だけでなく、今もわたしたち一人ひとりに与えられている教訓です。しかし、わたしたちはたびたび支配、所有、操作、搾取などの傲慢によって導かれ、地球を〝保全〟せず、尊重せず、保護するために自由に与えられたたまものとして考えていないのです。

わたしたちは驚嘆、観想、創られたものに耳を傾ける態度を失いつつあります。なぜ、このようなことが起こるのでしょうか。なぜ、わたしたちは水平的にしか考えられず、生きられないのでしょうか？　わたしたちは神のもとから押し流されてしまい、もはや神のサインを読み取ることができないのです。

二〇一三年六月五日　一般謁見

内省★あなたは生活の中で、どんなときに支配、所有、操作、搾取に傾くだろうか。このような分野で、驚嘆と観想はどのようにあなたを助けるだろうか。

10月23日
真の宝物

親愛なる友であるみなさん、わたしたちが受けた真の宝である信仰を保ちましょう。多くの障害や誤解の中にあっても、主に対する忠誠を新たにしましょう。わたしたちが力と平静に欠けるようなことを、神は決してされません。

二〇一三年五月一一日 説教

内省★あなたの信仰を試《ため》すようなどんな試練に直面するか。そのような状況の中で、どのように神を招くことができるか。あなたはどこで力を必要とするか。

10月24日
十字架につけられたキリストを宣言する

この数日間に受けた恵みをとおして願うことは、わたしたち全員が勇気、そうです、勇気をもって主の十字架を担い、主の現存の中を歩むことです。十字架上で流された主の御血の上に教会を建てること、そして唯一の栄光である十字架につけられたキリストを宣言することです。このようにすれば教会は前進していくでしょう。

二〇一三年三月一四日　説教

内省★十字架のメッセージは愛と犠牲のメッセージである。あなたの生活における型通りの行動の中で、どのように他の人びとにこのメッセージを、勇気をもって宣言することができるだろうか。

10月25日
いくつかの事故に遭った教会

イエスは言われました。「全世界に行って、すべての造られたものに福音を宣べ伝えなさい」（マルコ16・15）。しかし、自分たちの中から外へ出たとき、何が起こるでしょうか。自分の家から外の道へ出たときも、同じように、事故が起こり得ます。しかし、わたしが述べたいことは、内部に閉じこもって病気になる教会よりも、外に出たためにいくつかの事故に遭う教会のほうを遥かにずっと望むということです。

二〇一三年五月一八日　聖霊降臨の前晩　演説

内省★あなたは他の人びとと信仰を分かち合うとき、傷つくことがあるか？　もしかしたら、彼らが何を考え、どのように反応するかということに神経質になっているのではないか。しかし、永遠とは気まずさを感じる以上に価値がある。信仰を人びとと分かち合う勇気をもちなさい。

10月26日
家族として、教会として

わたしはどれほど教会を愛しているか、教会のために祈っているだろうか、自分が教会家族の一員と感じているだろうか、と今日自問してみましょう。教会は一人ひとりが歓迎され、理解され、命を新たにされる神の愛と慈しみを感じる共同体であることを確証するために、自分は何をしているだろうか。

信仰はたまものであり、個人的行為です。しかし神は、わたしたちが教会として、家族として、ともに信仰を生きるようわたしたちを呼んでおられます。

二〇一三年五月二九日　一般謁見

内省★ときどき教会を愛するのが難しいことがある。あなたは教会の教えについて問題を感じているか。それについて更に学ぶようにしなさい。教会内の特定の人に対して問題があるのか。その人を赦す努力をしなさい。

10月27日
神を礼拝するとは、どういうことか

神を礼拝するとは、どういうことでしょうか。それは神とともにあることを学び、神と対話しようと努力することをやめ、神の現存が最高の真実であり、最高の善、あらゆることの中でもっとも大切なものであるという感覚をもつことです。

二〇一三年四月一四日 説教

内省★神の現存を求めながら祈りの時間を始めること。神の現存を思いながら、沈黙のうちに少なくとも五分間過ごしなさい。

10月28日
あなたの御傷のうちに、わたしの罪を隠してください

わたし自身の生活の中で、たびたび神の慈しみのみ顔と忍耐深さを見てきました。わたしはまた非常に多くの人が「主よ、わたしはここにいます。わたしの貧しさを受け入れてください。あなたの御傷のうちにわたしの罪を隠し、あなたの御血で洗い清めてくださ い」と唱えながら、勇気をもってイエスの御傷の中に入っていくのを見ました。そして神は彼らを受け入れ、慰め、清め、愛されたこと、神が正義を行われることを見てきました。

二〇一三年四月七日　神の慈しみの主日の説教

内省★神の慈しみの前に、あなたの罪が大き過ぎることはない。神に信頼して赦しを願いなさい。あなたを清めていただきなさい。赦しの秘跡を受けなさい。

10月29日
宣言によって信仰は強められる

神のみ言葉を、わたしたちが生きている環境の中にもたらすことができるでしょうか。家族の間で、日常生活の一部となっている人びとの間で、キリストについて、キリストの存在について、どのように話すかを知っているでしょうか。信仰は聴くことから生まれ、宣言することによって強められます。

二〇一三年四月一四日　説教

内省★あなたはキリストについて話すことができるか。行動と言葉によって福音を宣言することができるか。あなたの生活の中で、キリストを人びとに宣言する方法を学ぶのを助けられるのは誰か。

10月30日
主のみ心にもっとも近く

神にとってわたしたちは単なる数ではありません、わたしたちは大切であり、神にとって確かにいちばん大切な存在であります。たとえ罪びとであっても、わたしたちは主のみ心にもっとも近い存在であります。

二〇一三年四月七日　神の慈しみの主日の説教

内省★イエスは言われた。「五羽の雀が二アサリオンで売られているではないか。だが、その一羽さえ、神がお忘れになるようなことはない。それどころか、あなたがたの髪の毛までも一本残らず数えられている。恐れるな、あなたがたは、たくさんの雀よりもはるかにまさっている」(ルカ12・6・7)。祈りの中で、神があなたと結びたいと望まれる親密な関係にあなた自身を開きなさい。

10月31日
罪びとから聖人へ

もしわたしたちみながイエス・キリストの恵みを受け入れるなら、彼はわたしたちの心を変え、罪びとから聖人にされるでしょう。聖なるものになるために、目を転じて他のところを見るとか、あたかも聖画だけを見るということではありません。いや、いや、そんなことは必要ではありません。

聖人になるためには、たった一つのことが必要です、すなわち、御父がイエス・キリストによって、わたしたちに与えられた恵みを受け入れることです。

二〇一三年六月一七日　演説

内省★あなたにとって、聖人になるとはどういうことか。この地上で、あなたが聖人になることは可能だろうか。この目標からあなたを引き離す分野について祈り、あなたを助ける恵みを神に願いなさい。

11月

11月1日

聖性の中流階級

諸聖人の祝日

確認したいことは、信仰の証《あか》しが非常に多くの形で行われることです。ちょうど立派なフレスコに色彩と陰影のバラエティーがあるのと同じです。神の偉大なご計画の中では、あらゆる細部が大切です。あなたの部分もわたしの貧しい小さな部分も、日々の家族関係、仕事関係、友情の中で、単純に信仰を生きる人びとの隠れた証しも大切です。

日々の聖人たちがいます。あるフランスの作家が言ったように、一種の〝聖性の中流階級〟の〝隠れた〟聖人たちで、わたしたちはみなこの〝聖性の中流階級〟に属しているのです。

二〇一三年四月一四日　説教

内省★あなたの家族関係、仕事関係、友情は、あなたが主により近づくのをどのように助けるか。〝聖性の中流階級〟のメンバーとして、日常茶飯事の中でどのように聖性を見いだすことができるか。

11月2日
決して希望をなくさないで
死者の日

死を蒔《ま》く闘争が、命をもたらす出会いと和解に場を作りますように！　苦しむすべての人に向かい、力を込めて言います。決して希望をなくさないで！　と。教会はあなた方の傍らにあり、あなた方に同伴し、あなた方を支えます！

二〇一三年八月二〇日　演説

内省★あなたの生きてきた中で、残されたよい模範に感謝をささげながら、亡くなった方を思い出して祈りなさい。世話をする人、祈る人が誰もいなくても、亡くなった世界じゅうの人のために祈りなさい。

11月3日
信心だけでイエスがいない

今日、キリストの存在しない多くのキリスト信者に出会います。たとえば、ファリサイ派の偽善者のように、信仰・宗教性・キリスト教を、これをしなければ、あれをしなければ、といった法則に置くキリスト信者たちです。彼らは習慣によるキリスト信者で、単なる信心を求めますが、イエスが存在しません。

兄弟たち、何かが足りないのです、イエスが不在です。あなたがたの信心がイエスに導くなら、その信心はよいものです。しかしもし、それがあなた方をその場に放置するなら、何かが間違っています。

二〇一三年九月七日　聖マルタの家での説教

内省★次のことを自問しなさい。「わたしの信仰は規則と習慣によるものだろうか。信心の中心と自分が与《あずか》るミサ聖祭に、もっと決定的にイエスを置くために、何ができるか。」あなたのすべての活動の中心に、イエスを意識して置き直しなさい。

11月4日
新たにすることができる唯一の方

イエスは聖霊の権能をとおして、わたしたちの心を新たにする力をもっておられます。このことを確信する必要があります。救いの唯一の方法としてイエスの力に信頼をおかないなら、イエスが何かを新たにすることができる唯一の方であることに信頼を置かないならば、わたしたちは偽りのキリスト者です。わたしたちは真のキリスト者ではなくなります。

二〇一二年二月一八日　説教

内省★あなたはイエスの力に信頼しているか。イエスがあなたの心をほんとうに新たにされると思うか。イエスが救いの唯一の方法であると信じるか。イエスがあなたに信仰をくださるよう願いなさい。

11月5日
実りのない不完全な祈り

親愛なる兄弟姉妹のみなさん、わたしたちキリスト者の生活において、祈りと行動がつねに深く一致しますように！　貧しく、病気で、援助を必要とし、困難の中にあるあなた方の兄弟たちのための祈りが、あなた方を具体的な行動に導かないなら、それは実りのない不完全な祈りに終わってしまいます。

しかし同様に、教会の本質的奉仕が行動だけに重点をおくなら、事は重要性、機能、組織において進展するかもしれませんが、中心であるキリストが忘れ去られてしまいます。祈りによるキリストとの対話が無視されるなら、困窮する兄弟姉妹のうちに現存される神にではなく、自分たちに奉仕する危険を冒すことになります。

二〇一三年七月二一日　正午の演説

内省★あなたの祈りは対話と具体的行動の双方を意味しているか。イエスに語り、彼に耳を傾けなさい。彼があなたに願われることを書きとめ、それを生きなさい。

11月6日
競争

地上における人生は武力抗争である、とヨブは言うのですが、それは人びとがつねに試されていることを意味します。すなわち、ある状況と自己に打ち勝つための試練です。聖パウロはそれを取り上げて、競技場で競う運動選手に当てはめています。競技者が成功するためには、多くのことを拒否しなければなりません。

キリスト者の生活もまた、一種のスポーツ、葛藤、競争であり、神からわたしたちを遠ざけるもの、および自分自身を放棄しなければなりません。

教皇フランシスコ　天国と地上：二十一世紀における信仰、家族、教会について

内省★コリントの信徒への手紙Ⅰの中で、聖パウロはキリスト者を賞を得るために走る競技者にたとえている（Ⅰコリント9・24〜27）。あなたは何の目標を目指して走っているのか。どこで自己抑制を必要とするのか。あなたはどれほど懸命に走っているのか。

11月7日
歩んで来た道

神がわたしのために、わたしたちのためにこれまでにされたことを思い出し、歩んできた道を振り返ることは、わたしたちの心を、将来に向かう希望に開きます。生活の中で神が行われたすべてを思い出すことを、わたしたちが学びますように！

二〇一三年三月三〇日　復活祭前夜　説教

内省★あなたの生涯において神がされたことを反省しなさい。あなたの将来に対する神のご計画について神と語るとき、このことを念頭に置きなさい。

11月8日
注意深く聴く

聴くということは単に聞き流すことではない。聴くということは理解し、大事にし、尊敬し、救おうという望みです。それぞれの人が話し、一人ひとりが何を言いたいのかを意識するよう、注意深く耳を傾ける方法を見いだす必要があります。

二〇〇六年八月七日　説教

内省★人びとの話に真摯《しんし》に耳を傾けることを実践しなさい。彼らがどこからきたか、彼らが今なぜこのように感じているのか、を理解するよう努力しなさい。祈りのうちに神に注意深く聴き、神があなたに何と言われるかを理解することから始めること。

11月9日
高潔な人は熟考する

他の人びとがわたしたちからどんな恩恵を受けているかを考える代わりに、自分たちがどれだけ他の人びとから恩恵を受けているかを考えましょう。そうすることは人間の品位を高めます。高潔な人は、どのようにしたらさらに正しい人間になれるかを熟考するからです。彼はそれを誰からも強制されないで行います。彼はそれを高潔さがもたらす名誉と喜びのために、自分のもの以外のものを返し、不義をしたかもしれない人への償いとしてささげます。

二〇一一年八月七日　説教

内省★正義の徳は他の人びとから受けた恩恵に囲まれている。家庭で、仕事で、共同体で、あなたは他の人びとからどんな恩恵を受けているか。あなたは今どこで自分の義務を果たしているか。あなたはどこで進歩できるだろうか。

11月10日
善良な人びとの無関心

ある人たちは言うかもしれません。「でも神父様、黙示録の流れに従っているかのような地球化文明の多くの矛盾の中で、どのように愛をもたらすことができるでしょうか。どのように初めから終わりまで命に気を配ることができるでしょうか」と。偉大な教皇ピオ十一世は、かつて非常に刺激的なことを言われました。「現代の大きな問題は文明の否定的な力ではない。むしろそれは善良な人びとの無関心である」と。

二〇一一年三月二五日　神のお告げの祝日　説教

内省★あなたはどんな状況において無気力か。行動からあなたを遠ざけているのは何か。今日この点について変化を生む一歩を踏み出しなさい。

11月11日
彼は遠くから息子を見ている

わたしはルカ福音書（15・11〜32）の慈悲深い父の譬《たと》え話を読み返すとき、いつも心を打たれます。あの父親は息子を忘れたでしょうか。いいえ、決して忘れません。彼はそこにいて、遠くから息子のことを思い、見て、毎日毎時間彼を待っています。息子が去ってしまっても、受けた遺産と自由を浪費してしまっても、息子はいつも父親の心のうちにありました。

忍耐と愛と希望と慈しみをもっていた父は、彼を思うことをやめませんでした。そして息子がまだ遠くの方に見えたとき、彼を迎えるために走っていき、彼を優しく抱擁するのです。

二〇一三年四月七日　神の慈しみの主日　説教

内省★あなたが罪を犯したときのことを考えなさい。そのとき神はどのようにあなたを見ておられたと思うか。それを憐れみ深い父の譬え話と、どう比較できるか。このイメージはあなたが憐れみと赦しを求めるあり方を、どのように変えるだろうか。

11月12日
慰め主

恐れないでください、主は慰め主であり、優しさの主であるからです。主は父であり、彼はわたしたちにとって、優しさをもって乳飲み子を腕に抱く母のようであると言われます。主の慰めを忘れないでください。

二〇一三年六月二九日　説教

内省★あなたが慰めを必要とするのはどの点においてだろうか。あなたの生活の試練と困難について神と語りなさい。

11月13日
何と美しいことか

ゴシップに費やす時間はない、すべての人びとの意見の一致を待つ必要はない、必要なことは出かけていって宣べ伝えることです。あらゆる人にキリストの平和をもたらし、たとえ彼らがそれを歓迎しなくても、かまわずに続けなさい。病人には癒やしをもっていきなさい、神はあらゆる悪を抱える人を癒やしたいと望まれるからです。

何人のミッショナリーがこのようしていることでしょう！　彼らは命、癒やし、安らぎの種を世界の果てにまで蒔いています。それは何と美しいことでしょう！　あなた方自身のために生きようとしないでください。自分のために生きようとしないでください。外へ出ていって、よいことをするために生きなさい！

二〇一三年七月七日　正午の演説

内省★具体的な面において、あなたの日常生活の中で自分自身のためではなく、他の人たちのために生きるとき、あなたの生活はどのように見えるだろうか。利己主義を捨てて、どこへ進んでいくのか。他のことに妨げられてはならない。福音を他の人びとに伝えなさい。

11月14日
つねに破滅

悪魔は神のご計画の拒否を選択した存在です。イエスは彼を虚偽の父と定義しています。彼のもたらすものはつねに分裂、憎悪、中傷などの破滅です。そして、わたしの個人的体験から、神がわたしに望まれる以外のことをしようという誘惑を受けるとき、悪魔が必ずそこにいることを感じます。

わたしは悪魔が存在すると信じています。彼の最大の功績は、悪魔が存在しないと人びとに信じさせることです。

教皇フランシスコ　天国と地上：二十一世紀における信仰、家族、教会について

内省★あなたは悪魔の存在を信じるか。生活のどの面で、悪魔はあなたを誘惑しようとしているか。その誘惑に対してあなたはどう闘っているか。悪魔の誘惑に反して神のご計画に従うことを助けてくださるよう、神を信頼しなさい。

11月15日
聖徒の交わり

全教会に所属する仲間として、このミッションにおける聖徒の交わりを意識してください。チャレンジにともに直面するなら、わたしたちは強力です。自分たちがもっていると思わなかった隠れた力を発見します。イエスは、使徒たちが孤立して生きるようには召されませんでした。イエスは彼らがグループで、共同体を作るよう呼ばれました。

二〇一三年七月二八日　ワールド・ユースデイ　閉会ミサ　説教

内省★あなたは友人、守護者、模範、取り次ぎ者として聖人を選んだか。今週その聖人についてさらに学び、あなたが今直面している特別なチャレンジについて助けを願いなさい。

11月16日
「神―金権主義」の偶像

神は世界の中心に偶像ではなく、働くことによって世界を動かす人間を置くことを望まれました。ところが今、倫理感を失った組織の中心には偶像が置かれ、世界はこの「神―金権主義」の偶像崇拝者になってしまいました。金力が主導権を握っています！　金力が法律を設定します。金力、この偶像はそれ自体に有益であるすべてのことに命令を下します。

そして何が起こるのでしょうか。この偶像を守るために、大群衆は中心に集結し、枠外にあるものは排除され、高齢者はこの世界に彼らの場所はないという理由で葬られていきます！

二〇一三年九月二二日　労働者集会での演説

内省★現代文化の中で、あなたはどこで〝神―金権主義〟を偶像として見るだろうか。あなたの生活の中でそれはどのように偶像となっているか。来週中に、この偶像と闘うために、あなたはどのような具体的な一歩を踏み出すことができるか。

11月17日
パレッシア

パレッシア、すなわち勇気、大胆、信頼のうちに祈らなければなりません。ひとたび祈った後で、静かに座っていることはできません。キリスト者の取り次ぎを願う祈りは、最後まで主張することにあります。

二〇〇七年七月二九日　司祭・修道者への書簡

内省★今この時点で、あなたは何のために祈っているか。教皇のチャレンジを取り上げ、より強い大胆さと一貫性をもって祈りなさい。

11月18日
真理はほんとうに存在するのか

わたしたちは人びとが真理についてかなり懐疑的になっている時代に生きています。ベネディクト十六世は相対論についてたびたび話されました。すなわち、絶対的なものは一つもなく、真理はわたしたちが好むこと、あるいは意見の一致からくると考える傾向です。質問が起こります。〝唯一の〟真理は確かに存在するのだろうか。その真理とは何か。わたしたちはそれを知ることができるのだろうか。それを発見できるのだろうか。わたしたちに真理を確認させせるのは、復活されたキリストのたまもの、聖霊ご自身であります。

二〇一三年五月一五日　一般謁見

内省★相対論的になっている文化の中で、真理に信頼することを難しいと思ったことがあるか。真理を堅持するために、何があなたを助けているか。どのような状況の中で相対的になる誘惑があるか。聖霊があなたとともにあり、真理を確認するのを助けるよう、聖霊を求めなさい。

11月19日
イエスをどのようにお出しするか？

あなた方自身に次の質問をしてみてください。イエスは戸口の中におられ、外へ出してほしいと何回ドアをノックされていることでしょう。それなのに、わたしたちは自分たちの安全が必要なので、イエスを外へお出ししないのです。わたしたちを神の自由な子どもたちではなく、全く隷属化してしまうほかない機構に、自分たちをたびたび閉じ込めてしまっているからです。

二〇一三年五月一八日　聖霊降臨祭前夜　説教

内省★娯楽のためにあなたはどこへ向かうか。イエスがあなたに対してもっておられるご計画を探すために、あなたは娯楽以上にどのように行動するか。

11月20日
福音を宣言する──あなたはそこに含まれている

イエスは「行きなさい、あなたが望むなら、あなたに時間があるなら」とは言われず、「行きなさい。すべての民をわたしの弟子にしなさい」と言われました。信仰の体験を分かち合い、信仰を証しし、福音を宣言すること、これは主が全教会に託された命令です。そしてその命令にはあなたも含まれています。

二〇一三年七月二八日　ワールド・ユースデイ閉会ミサ　説教

内省★他の人たちと信仰を分かち合うのを避けようとして、あなたはどんな口実を作っているだろうか。弟子を作るために、主はどのようにあなたを呼んでおられるだろうか。

11月21日
矛盾する二律背反

偉大なパウロ六世は、次のように言われました。イエスとともに生きることを望むが教会なしで、イエスに従いたいが教会なしで、イエスを愛したいが教会なしで（福音宣教16参照）ということは、矛盾する二律背反論である、と。そして、わたしたちにイエスを与える母なる教会は、単なるゴム印ではない会員としての身元確認を与えます。アイデンティティは所属を示す会員証です。教会に属すること、それはすばらしいことです。

二〇一三年四月二三日　説教

内省★イエスは神の国を教会という形において地上に設立された（マタイ16・13〜20）。イエスとその教会の両方を信じることは、あなたの生活をどのように形成したか。あなたにとってこの教会、この神の国に属することは何を意味するのか。

11月22日
忠実さ

それはいかに司牧的であっても、創造的ではありません。わたしたちの実りを確保するミーティングや計画がたとえどんなに大きな助けになっても、創造的ではありません。では、わたしたちに実りをもたらすもの、それはイエスに対して忠実であることです。

二〇一三年七月二七日　ワールド・ユースデイ　説教

内省★祈りにおけるあなたの神との毎日の出会いは、何にもまして大切です。あなたの忠実と成功はそこから流れ出るのです。

11月23日
イエスとともに六十年

昨日わたしは、イエスの声を心の中で聞いてから六十周年記念を祝いました。ここであなた方にその話をするのは、ケーキを作っていただくためではありません。いいえ、そのことを話すのはそのためではありません。しかしながら、それは確かにあの日から六十年の記念です。わたしはその日を決して忘れません。主は、わたしがその道を進むべきであることを、強く意識させてくださいました。

わたしは十七歳でした。この決定、この招きが具体的・最終的になるまでには、数年が流れていました。成功と喜びに満ちた長い年月、失敗と弱さと罪……の主の道での六十年が、主に従い、主の傍らで、主とともに過ぎました。一つだけあなた方に言いたいことはこれです。わたしには全く後悔がないことです。全く後悔していません！　なぜでしょうか？　ターザンのように感じたり、力強く前進したりしたからでしょうか？　いいえ、わたしが後悔していないのは、もっとも暗い瞬間にも、罪の瞬間にも、弱さの瞬間にも、失敗の瞬間にも、わたしはイエスを見つめて彼に信頼し、彼はわたしを退けられなかったからでした。イエスに信頼しなさい。彼はつねにその歩みを続けられます。彼はわたしたちとともに歩まれます！

二〇一三年九月二二日　若者たちとの集会での演説

内省★教皇フランシスコがされたように、あなたの生活の中でイエスに生涯をささげたときの瞬間があるだろうか。それ以来の旅路で、イエスはどこであなたとともにおられたか。これらの体験はあなたにとって何を意味するか。

11月24日
どんな種類の王様か？

イエスはどんな種類の王なのでしょうか。イエスを眺めてみましょう。彼はロバに乗り、宮廷の従者を従えていません。権力のシンボルとしての軍隊にも囲まれていません。イエスの中に何かそれ以上のものを見るセンスをもった単純な人びと、謙虚な人びとに、彼は受け入れられていました。

二〇一三年三月二四日　説教

内省★あなたの単純さとイエスを受け入れる能力との関係は何だろうか。イエスを受けるために、あなたに何を排除することを彼は願っているか。あなたがもっとイエスに似た者になるために、彼はどこであなたに謙遜になるように願っているだろうか。

11月25日
彼は何もたずねなかった

神は、不運な人を路上に見て通り過ぎなかったサマリア人のように考えておられます。彼は道の反対側からこの人を見て哀れに思い、見返りに何も求めず彼を助けました。その人がユダヤ人か、異教徒か、サマリア人か、金持ちか貧しい人か、一切たずねませんでした。サマリア人はこの気の毒な人を助けに行きます。神はまさにこのサマリア人のようです。神はその羊を守り、救うために自分の命を捨てる羊飼いのようだと考えられます。

二〇一三年三月二七日　一般謁見

内省★神はわたしたちの愛と赦しについての理解をどれほど超えているだろうか。どんなあり方で、神はあなたを助けるために、あなたの期待を遥かに超えていかれただろうか。慈しみのこの模範をあなたはどのように生きることができるだろうか。

11月26日
わたしは時間がない

「でも教皇様、わたしは時間がありません」とある人は言うかもしれません。「わたしには仕事がたくさんあるのです」とか「わたしには無力、罪、たくさんの仕事があります。どうしたらよいでしょう」とか。わたしたちはしばしば短い祈りで、主日のミサには注意散漫のままで参加し、わずかな愛徳の行為で満足しています。しかし、他の人たちにキリストをもたらすために、〝出ていく〟勇気がないのです。　二〇一三年三月二七日　一般謁見

内省★わたしたちの時間の理解は、望みと相対関係にある。多くの大切なことには時間がないが、時間の浪費であって心を満たすものでない、つまらないメディアに気を散らしたりする。神のために、どこで時間をつくらなければならないか。神は、どこであなたが奉仕することを望まれるだろうか。

11月27日
幸福の幻想

イエスは慈しみそのものであり、愛そのものであります。イエスは人となられた神であります。わたしたち一人ひとりはあわれな迷った羊であり、見失われた銅貨であり、間違った偶像、幸福の幻想に自由を浪費してすべてを失った息子です。しかし、神はわたしたちをお忘れになりませんでした。御父はわたしたちを決して放棄されません。神は忍耐強い父であり、つねにわたしたちを待っておられます！　神はわたしたちの自由を尊重され、永遠に忠実であられます。

そして、わたしたちが神のもとに戻るとき、彼はわたしたちを子どものようにその神の家に迎え入れます。神が愛をもってわたしたちを待つことを、一瞬たりとも止めることがないからです。そして神の心は戻ってくる一人ひとりの子どもを喜び迎えます。神は喜びであるから、歓《よろこ》び祝います。わたしたち罪びとの一人が神のもとに行って赦しを願うなら、神はこの喜びをもたれるのです。

二〇一三年九月一五日　正午の演説

内省★神があなたを罪から救われたときのことを考えなさい――幼年期、思春期、青年期。受けた恵みを感謝し、神のもとに戻る必要が生じるであろう将来を考えなさい。

11月28日
文化的組織ではない

わたしたちは望む限りのあらゆる社会的仕事をすることができます、そして人びとは「教会は何とすばらしいことか、何とよい社会的仕事をしていることか！」と言うことでしょう。しかし、もしわたしたちが、この人びとはキリストの肉だからこの仕事をしているのだと言えば、スキャンダルが起こります。

教会は文化的・宗教的組織ではありませんし、社会的組織でもありません。そうではなく、教会はイエスの家族です。教会は、イエスが肉《ひと》となられた神の御子であることを宣言します。これがスキャンダルであり、そのために彼らはイエスを迫害しました。もしわたしたちが単なる理論的、社会的、愛徳に満ちたキリスト者であったならば、結果はどうなっているでしょうか。殉教者は絶対に生まれなかったでしょう。

しかし、わたしたちが神の御子は肉《ひと》となったと宣言するとき、十字架のスキャンダルを説くとき、迫害が起こり、十字架が生じます。この十字架のスキャンダルを生きることを恥じないでください。

二〇一三年六月一日　聖マルタの家での説教

内省★文化的信仰を生きる人と、肉《ひと》となられたイエスを宣言する人との相違は何だろうか。彼らの会話と生活はどう違ってくるだろうか。もし誰かがあなたの生活について証言するとしたら、彼は、あなたについてなんと言うだろうか。

11月29日
主のすべてのご命令を守ったとしても

主のご命令をすべて守ったとしても、もしわたしたちの心に憐れみがなく、赦す喜びがないなら、わたしたちは神との交わりのうちにいないことになります。というのは、他者を救うのは愛であって、命令を実践することだけではないからです。すべての掟の成就をもたらすのは、神と隣人への愛です。そしてこれが神の愛、神の喜び、すなわち赦しであります。神はつねにわたしたちを待っておられます！「でもわたしはこんなことをした、あんなことをした」と言って、心に重苦しさを抱えているかもしれません。神はあなたを心待ちしておられます。神はあなたの父です。神はつねにあなたを待っておられます！

二〇一三年九月一五日　正午の演説

内省★正しいことをするのはよいことだが、最終的に神が望まれるのはあなたの心である。来週のことについて考えなさい。神はあなたをどこへ招いておられるか、よいことをするだけでなく、愛をもってそれをすることではないか。

11月30日
気を紛らわせないで

わたしは現代人に、神のみ顔の体験を可能にするために、心の親密さの体験を求めるようにと言いたいのです。そのために、わたしはヨブが苦しい体験と、どうしても彼の助けにならなかった対話の後で言った言葉が好きです。「あなたのことを、耳にしてはおりました。しかし今、この目であなたを仰ぎ見ます。」（ヨブ記42・5）

わたしが人びとに言いたいのは、神を知ることは聴くことだけによるのではない、生ける神は、あなた方の心の目で見る方であるということです。

教皇フランシスコ　天国と地上：二十一世紀における信仰、家族、教会について

内省★過去において、あなたはどこで神を見たか。今日、あなたはどのように神を体験しているか。今週、神のみ顔を探す余分な時間を見つけなさい。一日の午後だけかもしれないが、黙想のような、神とともにあるより多くの時間を過ごしなさい。

12月

12月1日
観想的側面を育てる

イエスに目を向けると、それがどんな大切な決定や出来事であっても、その前に彼は熱心な長い祈りのうちに、精神統一を図られました。わたしたちも差し迫って深刻な義務のつむじ風のただ中にあっても、観想的な側面を育てましょう。ミッションが世界の果てまであなたを呼べば呼ぶほど、あなたの心を慈しみと愛に満ちたキリストのみ心にさらに一致させましょう。

二〇一三年七月七日　神学生と志願者とのミサでの説教

内省★今、あなたの前には何と大切な決定を必要とすることが置かれていることか。あなたは選択に当たって、いかにイエスにいっそう近づくことができるか。目覚めるとき、祈るとき、一日をとおして思考するとき、寝る前にあなたの道を導いてくださるよう神に願うとき、時間をかけなさい。

12月2日
その他のことは必要でない

「教皇様、わたしたちは何をしなければなりませんか。」真福八端を読みなさい。そうすれば役に立ちます。具体的に何をしなければならないかを知りたいなら、マタイ福音書二十五章を読みなさい。それはわたしたちが裁かれる基準です。この二つがあれば、あなたは行動計画を持つことになります、真福八端とマタイ二十五章です。その他のものを読む必要はありません。

二〇一三年七月二五日　ワールド・ユースデイ　演説

内省★マタイ福音書（5・1〜12）で真福八端を読み、マタイ福音書（25・31〜46）で最後の審判を読みなさい。あなたにとってはっきりと見えることは何か。現時点であなたの生活に訴えることは何か。今月、あなたの洞察を生き抜く努力をする決心をしなさい。

12月3日

誰がわたしたちに反抗できるか

現在さまざまな形の死が優位に立っているかのように見えるとしても、歴史は最強者あるいは最巧妙者の法則によって治められています。そして憎悪と野心が多くの人間闘争の背後で強烈な力となっているのを見て、わたしたちもまた、この悲しむべき状況が最終的には変わらねばならないと確信しています。聖書に、「もし、神がわたしたちの味方であるならば、だれがわたしたちに敵対できますか」(ローマ8・31)とあるからです。

二〇一二年一〇月一日　ブエノスアイレスの司祭、修道者、信者への書簡

内省★憎悪や野心の態度と行動に直面したら、悪意をもって闘う誘惑にかられるか。ときには失望するだろうか。無力を感じるときは、それについて神に語りなさい。聖書の中で状況が悲惨だったり無力だったりする場面を思い起こしなさい。神の現存のうちに神の御目をとおして世界を見てくださるよう願いなさい。

12月4日
地上の巡礼

わたしたちの精神と心が教会の生きた石として、つねに主に向かって導かれるよう主に願いましょう。それによってわたしたちのすることすべて、キリスト者の生活すべてが、主の慈しみと愛の光り輝く証《あか》しとなりますように！　こうして、わたしたちはこの地上の巡礼のゴールを目指し、この上なく美しい神殿、天上のエルサレムに向かって進んでいくのです。

二〇一三年四月二八日　堅信式ミサ聖祭の説教

内省★あなたはどんな道を歩いているか。あなたの模範をとおして、他の人たちはこの道をよいとするか、あるいは悪いとするか。

12月5日
恐れないで！

みなさんは信仰のもろさ、それにどう打ち勝つかについて話していました。壊れやすい信仰の最悪の敵は、意外でしょうが、恐れです。恐れないでください！　わたしたちは弱く、そのことを知っていますが、主はもっと強いのです！　主とともに歩むなら、問題はありません！　子どもは虚弱です――わたしは今日大勢の子どもたちを見ましたが、彼らは父親か母親といっしょにいれば、安全です。主とともにいれば、わたしたちは安全です。

二〇一三年五月一八日　聖霊降臨の前晩　演説

内省★あなたは何を恐れているのか。何が眠りを妨げているのだろうか。主の現存の喜びが、あなたの恐れに代わるよう神に願いなさい。

12月6日
あなたはわたしにとって大切
聖ニコラスの祝日

真の喜びは物を所有することからはきません。いいえ！　真の喜びは出会いから、他の人たちとの関係から生まれます。それはまた、受け入れられた、理解された、愛されたことから、そして受け入れること、理解すること、愛することからも生まれます。そしてこれは束の間のファンシーからではなく、相手が人であることから生まれるのです。

喜びは出会いが無償であることから生まれます！　それは誰かが、必ずしも言葉ではなく、「あなたはわたしにとって大切」と言っているのを聞くことです。これは美しいことです……。そして、神がわたしたちに理解させてくださるのも、まさにこうした言葉です。神はあなたを招きながら「あなたはわたしにとって大切です。わたしはあなたを愛し、あなたを信用しています」と言われます。イエスは、このことをわたしたち一人ひとりに言われます。喜びはそこから生まれるのです！

二〇一三年七月六日　神学生と志願者たちに　演説

内省★贈り物と〝所有すること〟のシーズンにあって、あなたは「ともにいること」のプレゼントを、どのように他の人たちに贈るのか。他の人たちが、あなたにとって大切であることを知らせるために、どのような一歩を踏み出すことができるだろうか。

12月7日
最新のスマートフォン

ある人たちは言うでしょう。喜びは所有することから始まる、だから彼らは最新のスマートフォンを、最速のスクーターを、人目を引く車を探しに行く……、しかし実を言うと、司祭とかシスターが最新の車に乗っているのを見ることは、ほんとうにわたしを苦しめます。そんなことはあり得ません！　あってはなりません。「では教皇様、自転車で行かなければならない、自転車はいいですよ！　アルフレッド司教様は自転車に乗り、バイクで外出されます」とあなた方は考えるでしょう。

すべき仕事があまりにも多いので、車は必要だと思いますし、動きまわるためにも必要です。しかし、もっと目立たない車を選んでください！　どうしても、あなた方が美しい車が好きなら、餓死しているすべての子どもたちのことだけでもいいから、考えなさい。

二〇一三年七月六日　神学生と志願者たちに　演説

内省★聖書は次のように言う。「あなたがたの富のあるところに、あなた方の心もある」(ルカ12・34)。あなたの最上の宝は何か、そしてあなたの心は今現在どこにあるのか。

12月8日
マリアは聴くことを知っておられた
無原罪の聖マリアの祝日

マリアは神に耳を傾ける術《すべ》を知っておられました。よく注意してください。それはただ表面的な言葉を聞くことではなく、注意集中、受容、神に対する周到さから成る〝聴く〟でありました。それは、わたしたちがときどき主や他の人たちに接するとき、彼らの言葉を聞いていますが、心して聴いていないという注意散漫な態度ではありませんでした。マリアは神に対して心を開き、神に耳を傾けています。

二〇一三年五月三一日　演説

内省★マリアは神の母となるべきことを求められたとき、大天使ガブリエルに注意深く耳を傾けていた。従姉エリサベトの必要にも注意を払い、彼女が助けを必要としたので助けに出かけた。マリアは心の中でご降誕を観想していた。マリアの証しからあなたは何を学ぶか。この待降節をあなたがどのように生きることを神は望んでおられるだろうか。

12月9日
神はそのような方

神はわたしたちが神のもとへ行くのを待っておられるのではなく、計算もせず測量もしないで、わたしたちの方へ歩んでこられます。神はそのような方です。神はつねに最初の一歩を踏み出すように、わたしたちの方に向かってこられるのです。

二〇一三年三月二七日　一般謁見

内省★神はどこで、あなたが他の人びとに向かって、彼のように最初の一歩を踏み出すように呼びかけておられるだろうか。誰かと仲直りする必要があるか？　あなたの生活において、誰かに親切な行為をする必要があるだろうか。

12月10日
主は旅路で分かち合われる

主は聖体によってご自分をわたしたちに与え、わたしたちの旅路で分かち合い、命を保つ食物となられる、特に道が険しく障害物が歩みを阻むときに。主は聖体において、わたしたちに奉仕し、分かち合い、供与の道を歩ませ、分かち合った貧しいものは、神の力によって豊かにされて愛の力となり、わたしたちの貧しさを変容するために与え返されます。

二〇一三年五月三〇日　説教

内省★今週ご聖体の前で十五分間祈りなさい。この偉大な秘跡をとおして、あなたが変容されるよう神に願いなさい。

12月11日
神はわたしたちの間に幕屋を張られた

神はご自身を出てわたしたちのあいだにこられ、救いの慈しみをもたらし、希望を与えるために、わたしたちのあいだに幕屋を張られました。わたしたちもまた、九十九匹の羊とともに囲いの中にいることに満足してはなりません。もしイエスに従い、彼とともにあることを望むなら、もっとも遠くまで行って迷子になった羊を探すために彼とともに〝出て〟いかなければなりません。しっかり覚えておいてください。イエスのように、神がイエスにおいてご自身から出られたように、イエスがわたしたちすべてのために、ご自身から出られたように、わたしたちも自分から出ていくことです。

二〇一三年三月二七日　一般謁見

内省★フィリピの信徒への手紙（2・5〜8）はご自分を無にして、僕の身分になられたイエスのことを述べている。キリストの模範からあなたは何を学ぶことができるか。他の人びとのためにあなた自身から出ていくことを、神はどのようにあなたに願っておられるか。

12月12日

教会を主に託して

グアダルーペの聖母の祝日

教会のために祈ることは、わたしたちに益をもたらし、教会にも役立ちます。それは、わたしたちの試練を取り除かないかもしれませんが、すばらしい平和を与え、わたしたちを強めます。ですから、教会を主に託す習慣をもつ恵みを主に願いましょう。

二〇一三年四月三〇日　聖マルタの家での説教

内省★あなたの小教区、シスター、ブラザーたち、司祭、司教、教皇を祈りによって高めるために、あなたは何ができるか。毎日の意向の中に彼らを加えることができるか。彼らが主のみ手のうちにあることを思って、心配しないでください。

12月13日
生活のハイウエー

今夕、わたしはあなた方一人ひとりの心に響くような質問をしますが、正直に答えてほしいと思います。わたしの生活の中で、主を礼拝することを妨げるどんな偶像があるだろうか。礼拝するということは、それがもっとも隠れたものであったとしても、偶像を排除し、主を自分の生活の中心、ハイウエーとすることです。　二〇一三年四月一四日　説教

内省★教皇フランシスコの質問について考える時間をとりなさい。生活の中で主を礼拝することを妨げるような、どんな隠れた偶像があるか考えてみただろうか。

12月14日
美と善を観想する

これがわたしたちの生きている世界だろうか、と驚きの目で眺めます。創造のみ業は美しさを保ち、わたしたちを畏敬《いけい》の念で満たしますから、善い業としてとどまっています。しかしそこには、暴力、分裂、不一致、戦争もあります。これは創造の頂点にある人間が、美と善を観想することをやめて、利己主義にこもるときに起こるのです。

二〇一三年九月七日　平和祈願の前晩

内省★今週、神の美と善を観想する時間をとりなさい。美しい景色の中をドライブしなさい。畏敬《いけい》の念にみたされ、美しさを観想しなさい。

12月15日
小さな宗教で生活を飾らない

イエスは弟子たちに言われました。「わたしが地上に平和をもたらすために来たと思うのか。そうではない。言っておくが、むしろ分裂だ」（ルカ12・51）。これは何を意味するのでしょうか。それは信仰が飾りとか装飾品ではないことを意味します。生きた信仰は、まるでケーキの上をクリームで飾るかのように、生活を小さな宗教で飾ることではありません。いいえ、これは信仰ではありません。

信仰とは生活の基盤・尺度として神を選ぶことであります。神は空虚でもなく、中性でもありません。神は肯定的であり、神は愛であり、愛は肯定的であります！

二〇一三年八月一一日　正午の演説

内省★待降節のこの季節に、あなたの信仰が単に装飾的である面について考えなさい。神を単なる装飾要素ではなく、どうしたら生活の基盤とすることができるだろうか。あなたの視点を神から遠ざけたり、邪魔したりするものを切り落としなさい。

12月16日
恵みはどこで売られているか

恵みの値段を知っている人がいますか。恵みはどこで売られているのでしょうか。どこで恵みを買い戻すことができますか。誰も答えることはできません。小教区のオフィスへ恵みを買いに行くことができますか、もしかしたらそこで売っているかも知れません。司祭の一人がそこで売っていますか。

よく聴いてください。恵みは買われるものでも、売られるものでもありません。恵みはイエスにおける神からのたまものです。イエス・キリストはわたしたちに恵みを与えます。イエスだけが恵みを与えるただ一人の方です。それは贈り物であり、イエスはそれをわたしたちにくださるのです。それをいただきましょう。

二〇一三年六月一七日　演説

内省★神の恵みを受けるために、イエスの場がより大きくなり、わたしたちの場が小さくなるように、心の中にイエスの場を作らなければならない。しかし、どのように神の恵みを受けるのか。秘跡は一つの方法である。聖体において神ご自身を受け、赦《ゆる》しの秘跡においてキリストご自身に赦していただく。

12月17日
彼もわたしたちのように誘惑を受けられた

個々の生活でも、人びとの間でも、共同体の中でも、何と多くの困難があることでしょう。しかし、それがどんなに多く見えても、神はわたしたちがそれに負けてしまうことは決して許されません。生活の中で失望の瞬間に直面するときも、福音宣教や家族内で親として信仰を具体化しようと努力するときも、わたしは次のことを強調したいと思います。神はあなたの傍らにおられ、決してあなたを見捨てられない！　とつねに心の中で知っていてください。

決して希望を失わないようにしましょう！　わたしたちの心の中で決して希望を死なせてはなりません！

二〇一三年七月二四日　ワールド・ユースデイ　説教

内省★あなたはどこで負かされたり、失望させられたと感じるか。聖書は次のように述べている。「この大祭司は、わたしたちの弱さに同情できない方ではなく、罪を犯されなかったが、あらゆる点において、わたしたちと同様に試練に遭われたのです」（ヘブライ4・15）。イエスも多くの試練を通られたことを知って、あなたが出会う試練についてイエスに語りなさい。

12月18日
主の慈しみが入ってきますように！

主の慈しみが入ってくるよう、わたしたちの心を開く恵みをイエスに願いましょう。そしていっしょに唱えましょう。

「そうです、主よ、わたしは罪びとです。あれやこれやのために、わたしは罪びとです。きてください、きてください、そして、御父のみ前でわたしの罪を赦してください。」

二〇一一年九月一四日　説教

内省★良心の糾明は教会の美しい伝統である。これを実行するためのガイドを本、オンライン、あるいは小教区で見つけ、今週、毎日それを使いなさい。あなたをイエスに近づけるのを助けるかどうか調べなさい。

12月19日

受肉した者となる

イエスは次のような人びとには慈しみを示されないようです。神はわたしたちに近い存在である、神は人びととともに歩まれる、神は人となられたという現実を、自分たちの多くの伝統によって否定し、それらを単なる観念や基準とする人たちで、それによって多くの人たちを疎外しました。イエスはこうした人びとを転向者、転向しつつある人として非難されるでしょう。彼らは地球を半周して転向者を探し、自分たちの法則と掟によって重荷を負わせます。彼らは人びとを離反させているのです。

イエスはわたしたちに、別の道を教えられました。出ていくことです。証《あか》しをするために出ていき、兄弟姉妹と関わるために出ていき、分かち合い、気遣うために出ていくのです。受肉した者となるために。

二〇一二年九月二日　説教

内省★イエスを単なる観念とする人と、出ていって他の人たちと出会い、信仰を分かち合う人との相違は何だろうか。彼らの生活はどのように見えるだろうか。イエスをありのままの姿で受け入れ、現実とする代わりに、一連の規則とすることを、どう避けることができるか。

12月20日

彼はいつもその声を聞かせる

イエスはつねに奇跡をもってわたしたちの生活の中を通られるのではないが、いつもその声を聞かせられます。いつもです。そして主が通られるとき、そこで何が起こりますか、ペトロとヤコブとヨハネに起きた大漁の奇跡であり、いつも起こります。イエスはわたしたちに何かを告げ、何かを理解させ、そして約束となる一言を述べられます。イエスはわたしたちの生活の中で何かを願われ、何かをささげ、何かを放棄するように言われます。

一つのミッションを与えられているのです。　二〇一三年九月五日　聖マルタの家での説教

内省★あなたの生活の中のどこで、神はその声を聞かせるか。神は何をささげ、何を放棄するよう求めておられるか。どんなミッションにあなたを呼ばれているか。イエスがあなたに言われることに再度自分をささげなさい。主の呼びかけに応える二重の努力をしなさい。

12月21日
神が彼とともにおられない証拠

神がそこにおられるという確証を与えるのは謙遜です。ある人が自己充足していて、あらゆる質問に答えを用意しているなら、神は彼とともにおられないことを示します。

教皇フランシスコ　天国と地上：二十一世紀における信仰、家族、教会について

内省★ロヨラの聖イグナチオはかつて次のように言われました。「すべては神に依存するかのように祈りなさい。すべてはあなたにかかっているかのように働きなさい。」神は、あなたをどこでもっと神に信頼するよう呼ばれているか。神は、あなたをどこでもっと熱心に働くよう呼ばれているか。このバランスを生きる恵みを願いなさい。

12月22日
変えられた心

愛は現実を変容させるための最大の力です。それは利己主義の壁を引き降ろし、わたしたちを離散させていた溝を埋めるからです。それは石の心から肉の心へ、人間の心へと変えられた心からくる愛です。

二〇一三年六月一七日　演説

内省★あなた自身の心について反省しなさい。どの部分が石で、どの部分が変えられているか。他の人たちをよりよく愛するために、どこに癒やしが必要か。

12月23日
福音の論理

イエスの弟子は全財産を放棄します。それは、一つひとつのよいものが完全な価値と意味を受ける最大の善を、イエスのうちに見いだしたからです。すなわち、家族の絆《きずな》、その他の人間関係、仕事、文化・経済的所産、その他さまざまです。

キリスト者はあらゆるものから自分を引き離し、福音の論理、愛と奉仕の論理の中に、すべてのものを再発見するのです。

二〇一三年九月八日　正午の演説

内省★家族、仕事、財産に関するあなた自身の愛と奉仕の論理について一瞬考えなさい。あなたはイエスを最高の価値とするだろうか。福音の論理を優先課題とするだろうか。

12月24日
これはおもしろい…神は喜びにあふれる

神は喜びにあふれておられる。これはおもしろい。神は喜びにあふれておられる！　そして神の喜びとは何か。神の喜びは赦すこと、神の喜びは赦すこと！　かわいい子羊を見つけた羊飼いの喜び、銀貨を見つけた女性の喜び、死んだと思われていた息子が生きていて家に迎え入れた父親の喜び。ここに福音の全体像があります！　ここに！　福音全体、キリスト教のすべてがここにあります！

しかし、それが感傷でないことを確かめてください。それは〝善行者〟であることではありません。逆に、憐れみは真の力であり、〝癌《がん》〟と捉えられている罪・道徳的悪・霊的悪から人と世界を救うことができるものです。悪が人の心と歴史の中にあけた、否定的裂け目を満たすのは愛だけです。そしてこれが神の喜びです！

二〇一三年九月一五日　正午の演説

内省★神はあなたを赦したいと思われる。神はあなたがその慈しみを知り、他の人たちにそれを与えることを望まれる。この現実を、あなたの生活はどのようによりよく反映させることができるか。もっとたびたび赦しの秘跡を受けに行く必要があるか。他の人びとをさらに現実的に赦す必要があるか。慈しみのこの偉大なたまものをもって、神があなたに求めておられることは何かをたずねなさい。

12月25日

神は生きたみ顔をもっておられる

クリスマス

イエスがこの世にこられてからは、わたしたちが神を知らないかのように、あるいはイエスが架空の方で抽象的な有名無実の事柄であるかのように行動することは不可能です。いいえ、神は現実の顔をお持ちです。神には名前があります。神は慈しみであり、忠実であり、神はわたしたちすべてに与えられた生命です。

二〇一三年八月一一日　正午の演説

内省★あなたにとってクリスマスの贈り物は何か。イエスの誕生は、どのようにあなたの信仰をいっそう現実的に、いっそう人間的にするだろうか。主の来臨の喜びを祝いなさい。

12月26日

殉教者の血

聖ステファノの祝日

「一つの部分が苦しめば、すべての部分がともに苦しみ、一つの部分が尊ばれれば、すべての部分がともに喜ぶのです」（Ⅰコリント12・26）。これはキリスト教生活の掟《おきて》であり、この意味で苦しみの諸教会一致運動があるということができます。殉教者の血は教会にとって力と豊穣《ほうじょう》の種であり、同様に日々の苦しみの分かち合いも、一致への効果的道具となることができます。

二〇一三年五月一〇日　演説

内省★教会の殉教者たちは、信仰のための苦しみをいかに受諾するかを示している。神は、どこで苦しむようにあなたを招いておられるか。この苦しみはあなたが他の人びとと一致するのをどのように助けるか。誰か他の人の苦しみを聞く時間を見つけ、彼らのために確かに祈りなさい。

12月27日
神の新しいこと

お分かりでしょうが、神の新しいことというのは、世の中の斬新さ、一時的にきては去っていくもの、次の到来を待つこととは違います。神がわたしたちの生活に与えられる新しさは永続的で、未来だけでなく、わたしたちが神とともにある時も、そして今日も含みます。

神は今もすべてのことを新しくされています。聖霊は確かにわたしたちを変容され、わたしたちをとおして、神はわたしたちが住んでいるこの世界を変えることを望んでおられます。

二〇一三年四月二八日　堅信式ミサでの説教

内省★現世的な、どんなものにあなたは固執しているか。神はどこであなたに動くこと、手放すことを求めておられるか。どのようにして、あなたの心からこれらの執着を排除し、より優れた永続的なものが与えられるようにするかを聖霊に求めなさい。

12月28日

生活の福音

幼子殉教者の祝日

神とキリストのメッセージと生活の福音を放棄することが、自由と完全な人間充足へ導くというアイディアがあります。その結果、生ける神は、自由という肉の陶酔をささげる束の間の人間的偶像に置き換えられてしまいます。しかし、これは最終的に新しい形の隷属と死をもたらします。

二〇一三年六月一六日　説教

内省★生活において、命より死を選ぶよう誘惑されるのはどういう場合か。あなたは、どんな点で自己贈与より利己主義を選んでいるか。今週、他の人びとのために、真に意味深い方法で自分を与えることを優先課題としなさい。

12月29日
巡礼者のためにある昔からの規則

巡礼者のために昔からの規則があります。聖イグナチオはその規則を適応させ、わたしがそれを知っているのもそのためです。イエズス会の会則の一つで、彼は次のように言っています。巡礼者に同伴する人は、巡礼者の歩みに合わせるべきで、先に行ったり、後について行ったりしてはならない。別の言い方をすると、わたしは教会が道を歩く人びととともにいかに歩むべきかを思い見ています。巡礼者の規則は、わたしたちに光を与えて助けてくれるでしょう。

二〇一三年九月二一日　演説

内省★誰と並んで歩くよう神は求めておられるか。他の人たちに同伴するとき、あなたが彼らを連れていきたいところではなく、彼らがいる場所で、同じペースで同伴できるよう聖霊に願いなさい。

12月30日
成長し、強くなれ

ルカ福音書は、ナザレの家族の中でイエスが「たくましく育ち、知恵に満ち、神の恵みに包まれていた」（ルカ2・40）と記しています。聖母はわたしたちにも、まさにそうされます。聖母はわたしたちが人間として成長し、信仰において強く、人間として、キリスト者として決して表面的な誘惑に陥らず、つねにより高くを目指して努力するよう助けます。

二〇一三年五月四日　演説

内省★習慣をつくるには、ほぼ一か月かかると言われる。生活の中で徳を必要とする分野を考えなさい。そして、来月はそれに関するよい振る舞いを育てなさい。この習慣形成期をマリアに託しなさい。

12月31日
真理なしに平和はない

アシジのフランシスコは、平和を構築するためには、働かなければならないと言っています。しかし、真理がないところに真の平和はあり得ません。もし一人ひとりがそれぞれ自分自身の基準であり、この地上のすべての人類を一致させる自然的基礎に従い、他の人たちの益を考慮しないで自分の権利だけを主張するならば、真の平和は生まれ得ないでしょう。

二〇一三年三月二二日　演説

内省★あなたは、どこで平和をもたらす真理を見いだすことができるか。『カトリック教会のカテキズム』を読む時間を取りなさい。それを新年の決心とし、来年毎日一節だけ読みなさい。真理はあなたに平和をもたらすでしょう！

訳者あとがき

『一年をとおして　教皇フランシスコとともに　日々の内省』は、ケヴィン・コッター氏が、さまざまな機会に教皇フランシスコの述べられたお言葉を集録し、それについて読者が内省し、黙想し、祈りが助けられるように編集された一冊です。二〇一三年一〇月にアメリカ・インディアナ州の Our Sunday Visitor 社で出版されているので、それ以後の教皇のお言葉は含まれておりません。

しかし、何というすばらしい内容の集録でしょう。コッター氏が言われるように、教皇フランシスコは稀《まれ》にみるコミュニケーターであられ、すでによく知られたことに「新たな明白さと洞察」を加えています。しかもそこで扱われる表現や小道具は、現代人が日ごろ使う言語、器具、道具など、日常生活に密着したものであって、教皇の霊性がいかに現代人の生活に根をおろしたものであるかに驚かされます。

ケヴィン・コッター氏はコロラド州・デンヴァー市に住み、カトリック大学学生協会でカリキュラム・ウェッブ部長として奉仕されています。彼が「はじめに」の中で聖フランシスコ・サレジオによる「祈りの六段階」を示していることも、この本の意図に大きく寄与していると思われます。また本の裏表紙に記された次の言葉はあまりにも見事にその意図を述べているので、拙訳者の感謝の祈りとして引用させていただきます。「教皇フランシスコの言葉が、あなた方に聖霊の光を与えてチャレンジし、より深く福音の中に引き込み、あなた方の祈りを新たな高みに引き上げますように。そしてあなた方への神の個人的な愛に対する感謝が、あなた方の心に満ち溢れますように！　教皇フランシスコに結ばれて、信仰の炎があなた方のうちで燃えあがりますように！」

出版にあたり、細やかなご配慮と入念なご指示を与えてくださいました女子パウロ会単行本出版部のシスター山本文子に深く感謝申し上げます。

聖心会員　里見貞代

聖書の引用は日本聖書協会発行『聖書　新共同訳』を使用させていただきました。

教皇フランシスコとともに　日々の内省

編者　ケヴィン・コッター
訳者　里見　貞代
発行所　女子パウロ会
代表者　松岡　陽子
〒107-0052　東京都港区赤坂 8-12-42
Tel　03-3479-3943
Fax　03-3479-3944
Web サイト http://www.pauline.or.jp

印刷所　株式会社 精興社
初版発行　2016 年 10 月 20 日

ISBN 978-4-7896-0778-0 C0016
NDC190 19 ㎝
Printed in Japan